동화 필사로 익히는

완주

50일

감정
표현
따라 쓰기

권귀헌 지음

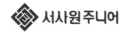 서사원주니어

'기쁘다', '즐겁다', '슬프다', '지루하다', '불안하다'……. 우리의 감정을 나타내는 말입니다. 우리말에 감정을 뜻하는 단어가 몇 개 정도 될까요? 놀라지 마세요! 적어도 1,000개가 넘습니다. 인간의 감정은 결코 간단하지 않지요. 그러니 마음의 상태를 가리키는 어휘가 많을 수밖에 없습니다.

우리는 하루에도 수십 가지의 감정을 경험합니다. 학교에 가기 전 졸린 눈을 비빌 때는 모든 것이 귀찮습니다. 그런데 나를 깨우는 엄마의 다정한 목소리를 들으면 마음이 평안해집니다. 아침으로 좋아하는 반찬이 나오면 기분이 좋아지고 학교에서 만날 친구를 생각하면 설레기도 합니다. 발표나 시험을 앞두고 있다면 긴장도 될 거예요. 일을 잘 마친 뒤에는 뿌듯하면서도 홀가분하지요. 하지만 기대에 미치지 못할 때에는 속상하고 실망도 합니다. 잘한 친구를 보면 부럽기도 하고요.

간단하게 썼지만 우리는 이 수많은 감정을 고작 하루 만에도 다 경험할 수 있습니다. 우리의 하루는 수많은 감정을 느끼는 과정이기도 한 셈이지요. 그러므로 감정을 정확히 알고 제대로 표현하는 게 중요합니다. 그러면 다른 사람의 감정도 더 잘 이해하고 공감할 수 있습니다.

감정 표현의 최고봉은 바로 동화입니다. 이야기 속 주인공이 어떤 마음에서 행동하고 말하는지 잘 묘사되어 있거든요. 이 책에는 초등 교과서에 수록된 동화를 포함한 주옥 같은 작품 50편을 담았습니다. 작품을 이해할 수 있도록 줄거리를 정리했고, 작품 속 '감정'이 잘 드러난 부분을 따라 쓸 수 있도록 원문을 그대로 옮긴 필사 노트도 마련했어요. 동화 속 문장들을 따라 쓰다 보면 감정을 표현하는 법을 배울 수 있고 어휘의 정확한 쓰임도 익힐 수 있습니다.

이 책이 여러분의 가슴속에 작은 글씨앗이 되어 깊게 뿌리내리면 좋겠어요. 머지않아 그 씨앗이 아주 근사한 문장으로, 단단하고 풍성한 글로 자랄 거라 믿습니다.

글선생 권 귀 헌

이 책의 특징과 활용법

❶ 오늘 알아볼 감정입니다.
책에 실린 순서와 다르게
마음에 드는 감정을
먼저 골라 써도 좋아요.
감정을 표현한 이모티콘도
확인해 보세요!

공부한 날의
날짜를 써요.

❹ 동화 속에서 감정이 표현된 부분을
또박또박 따라 써 봐요.
주인공이 어떤 마음이었을지
다시 한 번 생각하면서 써요.

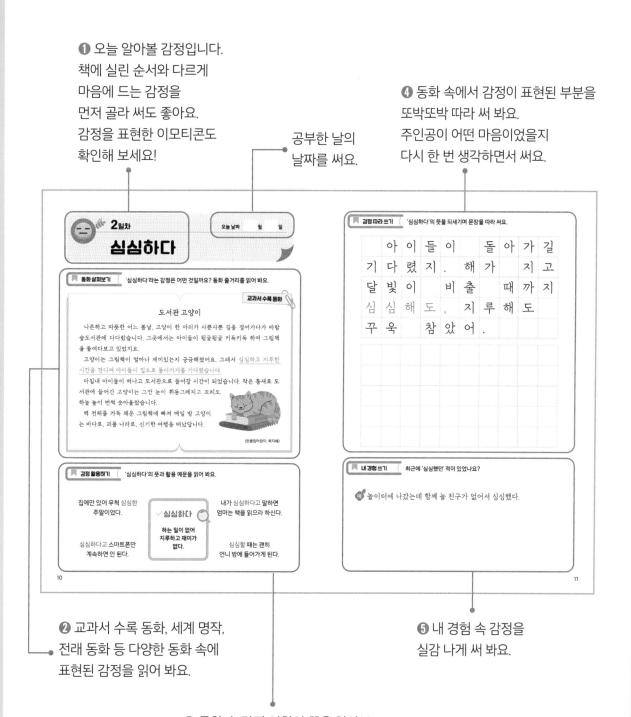

❷ 교과서 수록 동화, 세계 명작,
전래 동화 등 다양한 동화 속에
표현된 감정을 읽어 봐요.

❺ 내 경험 속 감정을
실감 나게 써 봐요.

❸ 동화 속 감정 어휘의 뜻을 알아보고,
이를 활용하여 만들 수 있는
예문 4개를 읽어요.

50일 학습 계획표

일차	동화	감정	날짜	
1일차	장발장	감탄하다	월	일
2일차	도서관 고양이	심심하다	월	일
3일차	미운 아기 오리	긴장하다·긴장되다	월	일
4일차	소똥 밟은 호랑이	괘씸하다	월	일
5일차	편지	기쁘다	월	일
6일차	멸치의 꿈	서운하다	월	일
7일차	장화 신은 고양이	반하다	월	일
8일차	토끼의 간	기겁하다	월	일
9일차	스핑크스의 수수께끼	두렵다	월	일
10일차	혹부리 영감과 도깨비	답답하다	월	일
11일차	곶감과 호랑이	겁먹다	월	일
12일차	플랜더스의 개	실망하다	월	일
13일차	젊어지는 샘물	낯설다	월	일
14일차	인어공주	망설이다	월	일
15일차	자린고비	기특하다	월	일
16일차	여우와 황새	얄밉다	월	일
17일차	소가 된 게으름뱅이	부럽다	월	일
18일차	나무 그늘을 산 총각	불쾌하다	월	일
19일차	용기를 내, 비닐장갑!	걱정하다·걱정되다	월	일
20일차	피노키오	놀라다	월	일
21일차	헨젤과 그레텔	무섭다	월	일
22일차	팥죽 할머니와 호랑이	억울하다	월	일
23일차	어린 왕자	슬프다	월	일
24일차	개구리 왕자	싫다	월	일
25일차	수선화가 된 소년 나르키소스	사랑스럽다	월	일

일차	동화	감정	날짜	
26일차	황금 알을 낳는 거위	당황하다	월	일
27일차	대단한 참외씨	무시무시하다	월	일
28일차	해와 달이 된 오누이	의심스럽다	월	일
29일차	키다리 아저씨	속상하다	월	일
30일차	양치기 소년	지루하다	월	일
31일차	소금을 만드는 맷돌	설레다	월	일
32일차	빨강 머리 앤	어리둥절하다	월	일
33일차	정글 북	불안하다	월	일
34일차	바삭바삭 갈매기	화나다·화가 나다	월	일
35일차	콩쥐 팥쥐	서럽다	월	일
36일차	베짱베짱 베 짜는 베짱이	정겹다	월	일
37일차	백설공주	질투하다	월	일
38일차	의 좋은 형제	의아하다	월	일
39일차	만복이네 떡집	아찔하다	월	일
40일차	최초의 여성, 판도라	부끄럽다	월	일
41일차	흥부와 놀부	안쓰럽다	월	일
42일차	할머니와 하얀 집	즐겁다	월	일
43일차	시골 쥐와 서울 쥐	조마조마하다	월	일
44일차	곰과 두 친구	창피하다	월	일
45일차	크리스마스 캐럴	안타깝다	월	일
46일차	토끼의 재판	통쾌하다	월	일
47일차	트로이의 목마	초조하다	월	일
48일차	마지막 잎새	우울하다	월	일
49일차	고양이 목에 방울 달기	홀가분하다	월	일
50일차	선녀와 나무꾼	그립다	월	일

차례

감탄하다

📑 **동화 살펴보기** ❙ '감탄하다'라는 감정은 어떤 것일까요? 동화 줄거리를 읽어 봐요.

세계 명작

장발장

굶주린 조카들을 위해 빵을 훔친 죄로 19년간 감옥살이를 한 장발장은 출소 후 차별과 편견 속에 힘겹게 살아가고 있었습니다.

어느 날, 장발장은 미리엘 신부님의 집에 들어가 따뜻한 대접을 받으며 오랜만에 편안한 잠을 청하게 됩니다. 하지만 식사를 하며 보았던 값비싼 은그릇이 자꾸 생각나, 결국 나쁜 마음을 이기지 못하고 은그릇을 훔쳐 도망쳤습니다.

장발장은 이내 경찰에게 잡혀 신부님 앞으로 끌려왔습니다. 그러나 신부님은 오히려 "함께 드린 촛대는 왜 안 가져갔느냐?"라며 장발장을 감싸 주었습니다. 장발장은 은혜도 모르는 자신을 용서한 신부님의 마음에 감탄하여 뜨거운 눈물을 흘렸습니다.

📑 **감정 활용하기** ❙ '감탄하다'의 뜻과 활용 예문을 읽어 봐요.

서커스에서 멋진 묘기를
보고 감탄했다.

✓ **감탄하다** 🔍

**마음속 깊이 느껴
탄복하다.**

아름다운 풍경에 감탄해서
사진을 찍었다.

감탄할 수밖에 없는
엄마의 떡볶이

주인공이 너그럽게 악당을
용서해 주는 걸 보고
감탄했어.

'감탄하다'의 뜻을 되새기며 문장을 따라 써요.

	장	발	장	은		은	혜	도
모	르	는		자	신	을		용	서
한		신	부	님	에	게		감	탄
했	습	니	다	.	뜨	거	운		눈
물	이		쏟	아	졌	습	니	다	.

주변 사람에게 '감탄했던' 적이 있나요?

예 지우의 피아노 연주를 듣고 감탄했다.

심심하다

📖 **동화 살펴보기** '심심하다'라는 감정은 어떤 것일까요? 동화 줄거리를 읽어 봐요.

교과서 수록 동화

도서관 고양이

나른하고 따뜻한 어느 봄날, 고양이 한 마리가 사뿐사뿐 길을 걸어가다가 바람숲도서관에 다다랐습니다. 그곳에서는 아이들이 뒹굴뒹굴 키득키득 하며 그림책을 들여다보고 있었지요.

고양이는 그림책이 얼마나 재미있는지 궁금해졌어요. 그래서 심심하고 지루한 시간을 견디며 아이들이 집으로 돌아가기를 기다렸습니다.

마침내 아이들이 떠나고 도서관으로 들어갈 시간이 되었습니다. 작은 틈새로 도서관에 들어간 고양이는 그만 눈이 휘둥그레지고 꼬리도 하늘 높이 번쩍 솟아올랐습니다.

벽 전체를 가득 채운 그림책에 빠져 매일 밤 고양이는 바다로, 괴물 나라로, 신기한 여행을 떠났답니다.

(한울림어린이, 최지혜)

📖 **감정 활용하기** '심심하다'의 뜻과 활용 예문을 읽어 봐요.

집에만 있어 무척 심심한 주말이었다.

✓ **심심하다** 🔍

하는 일이 없어 지루하고 재미가 없다.

내가 심심하다고 말하면 엄마는 책을 읽으라 하신다.

심심하다고 스마트폰만 계속하면 안 된다.

심심할 때는 괜히 언니 방에 들어가게 된다.

	아	이	들	이		돌	아	가	길
기	다	렸	지	.		해	가		지	고
달	빛	이		비	출		때	까	지
심	심	해	도	,		지	루	해	도
꾸	욱		참	았	어	.			

예 놀이터에 나갔는데 함께 놀 친구가 없어서 심심했다.

긴장하다·긴장되다

📑 **동화 살펴보기** ('긴장하다(긴장되다)'라는 감정은 어떤 것일까요? 동화 줄거리를 읽어 봐요.

> 외국 동화

미운 아기 오리

어느 시골 마을에 못생긴 아기 오리가 태어났습니다. 아기 오리는 생김새 때문에 다른 동물은 물론 형제들로부터도 따돌림과 무시를 받았지요. 아기 오리는 이를 견디지 못하고 집을 떠났습니다.

아기 오리는 숲속, 연못, 농장 등을 떠돌았지만 어디에서도 사랑받지 못했습니다. 하지만 추운 겨울도 힘겹게 버티며 씩씩하게 살아갔지요.

따뜻한 봄이 찾아온 어느 날, 아기 오리는 날개가 크고 튼튼해진 걸 느끼고 하늘 높이 날아올랐습니다. 그리고 긴장되고 떨렸지만 연못에서 놀고 있는 아름다운 백조들에게 용기를 내어 다가갔습니다. 아기 오리는 연못에 비친 자신의 모습을 보고 그제야 자신은 백조라는 사실을 깨닫게 되었습니다.

📑 **감정 활용하기** ('긴장하다(긴장되다)'의 뜻과 활용 예문을 읽어 봐요.

시험이 코앞으로
다가오니까 너무 긴장돼!

✓ **긴장하다 (긴장되다)** 🔍

마음을 조이고
정신을 바짝 차리게
되다.

반 배정 발표가 있는 날은
보통 긴장되는 게 아니다.

오디션 참가자가 긴장된
목소리로 대답했다.

무대에 오른 친구들은
긴장된 모습이었다.

'긴장하다(긴장되다)'의 뜻을 되새기며 문장을 따라 써요.

	아	기		오	리	는		또	다
시		따	돌	림	을		당	할	까
봐		긴	장	되	고		떨	렸	지
만		용	기	를		내		백	조
들	에	게		다	가	갔	습	니	다

.

지금까지 가장 '긴장되었던' 순간은 언제인가요?

예 강아지가 수술하던 날 긴장되어서 안절부절못했다.

13

괘씸하다

📑 **동화 살펴보기** ｜ '괘씸하다'라는 감정은 어떤 것일까요? 동화 줄거리를 읽어 봐요.

전래 동화

소똥 밟은 호랑이

옛날 옛날, 심술궂기로 유명한 호랑이가 살았습니다. 호랑이는 밤만 되면 밭으로 가 할머니가 애써 키워 놓은 무를 뽑아 먹고 마구 짓밟아 놓았습니다.

할머니는 그런 호랑이가 너무 괘씸해서 혼내 줄 생각이었습니다. 좋은 방법이 떠오른 할머니는 호랑이에게 말했습니다. "맛없는 무 대신에 달달한 팥죽을 쑤어 주마. 밤이 되면 집으로 오너라."

어둠이 내린 그날 밤, 호랑이는 무밭이 아닌 할머니 집으로 갔습니다. 사실 할머니는 호랑이를 골탕 먹이기 위해 미리 화로, 고춧가루, 바늘을 준비해 두었지요. 눈이 상하고 찔리는 등 봉변을 당한 호랑이는 결국 소똥을 밟고 넘어진 뒤 낭떠러지로 떨어지게 되었답니다.

📑 **감정 활용하기** ｜ '괘씸하다'의 뜻과 활용 예문을 읽어 봐요.

내가 시합에서 졌다고 지우가 나를 얕보는 것 같아서 괘씸하다.

✔ **괘씸하다** 🔍

남에게 예절이나 신의에 어긋난 짓을 당해 분하다.

동생이 밖에서 나를 못 본 척한 것을 생각하니 괘씸하다.

새치기하는 사람이 괘씸했는지 뒤에 선 아저씨가 뭐라고 하셨다.

거짓말을 했을 때, 엄마는 괘씸한 놈이라며 혼내셨다.

		괘	씸	한		호	랑	이	를	
어	떻	게		혼	내		줄	까		
고	민	하	던		할	머	니	는		
좋	은		꾀	를		내	었	습	니	
다	.									

내 경험 쓰기 누군가를 '괘씸하다'고 느꼈던 순간은 언제인가요?

예 친구가 나에게 거짓말을 하고도 안 한 척했을 때, 괘씸한 마음이
들었다.

15

5일차

기쁘다

📑 **동화 살펴보기** ❯ '기쁘다'라는 감정은 어떤 것일까요? 동화 줄거리를 읽어 봐요.

교과서 수록 동화

편지

두꺼비는 슬픈 표정으로 현관에 앉아 있었습니다. 혹시 오늘은 한 번도 받은 적 없는 편지가 오지 않을까 하며 기다리고 있었거든요. 두꺼비는 개구리에게 자신은 이때가 가장 슬프다고 말했습니다.

그런 두꺼비의 말을 듣고 있던 개구리도 함께 슬픈 기분이 들었습니다. 얼마 뒤 개구리는 할 일이 있다며 먼저 떠났습니다.

집으로 돌아온 개구리는 두꺼비에게 편지를 썼어요. 그리고 친한 달팽이에게 두꺼비 집 우편함에 편지를 넣어달라고 부탁했지요.

개구리는 두꺼비에게 "누군가 편지를 보냈을지도 몰라"라고 말하며 함께 편지를 기다렸습니다. 아무리 기다려도 오지 않던 편지는 드디어 나흘 뒤에 도착했고, 두꺼비는 무척 기뻐했답니다.

(비룡소, 아놀드 로벨, 〈개구리와 두꺼비는 친구〉)

📑 **감정 활용하기** ❯ '기쁘다'의 뜻과 활용 예문을 읽어 봐요.

전학 가서 못 보던 친구를 다시 만나 정말 기뻤다.

✔ **기쁘다** 🔍

욕구가 충족되어 마음이 흐뭇하고 흡족하다.

작년에 가장 기뻤던 일은 형이 바라던 학교에 합격한 것이다.

기쁜 마음으로 봉사 활동에 참여했다.

할아버지께서는 우리가 건강하게 자란 것만으로도 기쁘다고 하셨다.

	나	흘		뒤	에	야		달	팽
이	가		와	서	는			두	꺼	비
한	테		개	구	리	의		편	지
를		전	해		주	었	어	요	.
두	꺼	비	는		무	척	이	나	
기	뻤	답	니	다	.				

내 경험 쓰기 (최근에 '기쁜' 일이 있었나요?

 예 2학기 회장으로 당선되어 너무 기뻤다.

17

 **6일차**

오늘 날짜　　월　　일

서운하다

📑 **동화 살펴보기** ⟩ '서운하다'라는 감정은 어떤 것일까요? 동화 줄거리를 읽어 봐요.

전래 동화

멸치의 꿈

옛날 어느 날, 동해에 사는 멸치 왕이 구름을 타고 하늘로 올라가는 꿈을 꿨어요. 그 꿈의 의미가 궁금했던 멸치 왕은 가자미에게 꿈풀이 전문가 망둑어 노인을 모시고 오라 했지요.

가자미는 죽을 고비도 넘기며 멀고 먼 서해에서 망둑어를 데리고 왔습니다. 하지만 꿈풀이가 너무 궁금했던 멸치 왕은 망둑어만 반기고 고생한 가자미는 거들떠보지도 않았습니다. 가자미는 수고했다는 말도 듣지 못해 서운했습니다.

망둑어는 멸치에게 '왕이 될 꿈'이라 말했지만, 멸치에게 서운했던 가자미는 '낚싯배에 끌려가 반찬이 될 꿈'이라 말했습니다. 화가 난 멸치가 가자미의 따귀를 때렸는데, 그때부터 가자미의 두 눈이 지금처럼 한쪽으로 몰리게 됐다고 해요. 망둑어 눈이 툭 튀어나온 것도 이때 너무 놀라서라고 하네요.

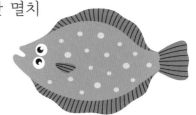

📑 **감정 활용하기** ⟩ '서운하다'의 뜻과 활용 예문을 읽어 봐요.

친구가 이사를 가서
더 이상 같이 놀지 못해
서운하다.

청소를 열심히 했는데
아무도 몰라 줘서
서운하다.

✓ **서운하다** 🔍

마음에 모자라
아쉽거나 섭섭한
느낌이 있다.

오랜만에 만난 사촌 형이
아는 척을 안 해서
서운했다.

이대로 헤어지려니
서운해서 발걸음이
떨어지지 않는다.

18

	가	자	미	는		서	운	했	어
요	.	멸	치	가		칭	찬	은	커
녕		수	고	했	다	는		말	조
차		하	지		않	았	기		때
문	입	니	다	.	눈	물	이		흐
르	고		화	도		났	어	요	.

내 경험 쓰기 지금까지 가장 '서운했던' 순간은 언제인가요?

예 할머니가 동생만 예뻐하시는 것 같아 서운했다.

반하다

'반하다'라는 감정은 어떤 것일까요? 동화 줄거리를 읽어 봐요.

외국 동화

장화 신은 고양이

방앗간 집 막내 아들은 아버지가 돌아가신 뒤, 고양이 한 마리만 품에 안은 채 집에서 쫓겨났습니다. 욕심쟁이 형들 때문이었죠.

다행히 막내가 물려받은 고양이는 아주 특별했습니다. 두 발로 걸어 다니는 것은 물론, 주인에게 장화를 사달라고 부탁도 했어요. 장화를 신은 고양이는 숲에서 사냥을 해서 그 사냥감을 왕에게 선물하며, 자신의 주인인 막내 아들을 '카라바 공작'이라고 거짓으로 소개했습니다.

고양이는 꾀를 내어 점점 더 왕의 마음을 샀고, 왕은 '카라바 공작'을 마음에 들어 하게 되었어요. 공주 또한 막내 아들을 보고 첫눈에 반했지요. 결국 막내 아들은 고양이 덕분에 마법사의 성을 얻고, 공주와 결혼하게 되었답니다.

'반하다'의 뜻과 활용 예문을 읽어 봐요.

깨끗하고 맑은 가을 하늘에 반했다.

내가 이 가수에게 반하게 된 건 목소리 때문이야.

✔ **반하다**

어떤 사람이나 사물 등에 마음이 홀린 것같이 쏠리다.

짝꿍이 된 서연이를 처음 본 순간 첫눈에 반했다.

그의 아름다운 미소를 보면 누구나 반할 수밖에 없다.

	왕	은		냇	물	에		빠	진
카	라	바		공	작	을		구	해
가	지	고		있	던		근	사	한
옷	을		입	혔	습	니	다	.	멋
진		공	작	의		모	습	에	
공	주	는		반	했	습	니	다	.

내 경험 쓰기   누군가에게 혹은 무언가에 '반했던' 순간은 언제인가요?

 예 빨간 스포츠카를 보자마자 반했다.

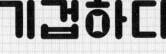

기겁하다

📑 **동화 살펴보기** '기겁하다'라는 감정은 어떤 것일까요? 동화 줄거리를 읽어 봐요.

전래 동화

토끼의 간

먼 옛날, 바닷속 용궁에 사는 용왕이 큰 병에 걸렸습니다. 용한 의원이 병을 치료하기 위해서는 토끼의 간이 필요하다고 말했지요. 용왕은 거북에게 토끼를 데려오라고 명령했습니다.

육지로 나간 거북은 고생 끝에 토끼를 발견해, 달콤한 말로 속여 바다로 데려갔습니다. 맛난 음식과 귀한 보석을 기대하며 용왕을 만나러 간 토끼는 자신의 간을 꺼내어 먹겠다는 용왕의 말에 기겁했지요.

토끼는 간을 산속에 숨겨 놓고 왔다는 거짓말로 죽을 위기를 넘기고 거북과 함께 다시 육지로 돌아왔습니다. 그리고는 거북의 어리석음을 비웃으며 산으로 들어갔답니다.

📑 **감정 활용하기** '기겁하다'의 뜻과 활용 예문을 읽어 봐요.

아이들은 갑자기 들려온 개 짖는 소리에 기겁했다.

아빠랑 산에 갔다가 뱀을 보고 기겁해서 얼른 내려왔다.

✔ **기겁하다** 🔍

숨이 막힐 듯이 갑작스럽게 겁을 내며 놀라다.

아기가 난로로 기어가고 있는 걸 뒤늦게 발견하고 기겁했어.

횡단보도를 건너다 신호를 위반하는 차 때문에 기겁했다.

'기겁하다'의 뜻을 되새기며 문장을 따라 써요.

	"	미	안	하	지	만		내	
병	이		심	해		너	의		간
을		좀		먹	어	야	겠	다	."
	토	끼	는		용	왕	의		말
에		기	겁	했	습	니	다	.	

최근에 '기겁했던' 순간은 언제인가요?

 예 방심하고 있다가 은수의 방귀 소리에 기겁했다.

두렵다

📑 **동화 살펴보기** 〉 '두렵다'라는 감정은 어떤 것일까요? 동화 줄거리를 읽어 봐요.

그리스 신화

스핑크스의 수수께끼

먼 옛날 그리스의 테베라는 곳에, 독수리 날개가 돋아난 사자 몸에 여자 얼굴이 달려 있는 스핑크스라는 괴물이 살았습니다. 스핑크스는 성 밖을 돌아다니는 사람들에게 수수께끼를 내고 맞히지 못하면 잡아먹었죠.

수수께끼는 바로 "아침에는 네 발, 낮에는 두 발, 저녁에는 세 발로 걷는 것은 무엇인가?"였는데 사람들은 답을 몰랐기 때문에 성 밖으로 나가는 것이 두려웠습니다.

어느 날, 오이디푸스라는 청년이 나타나 스핑크스의 물음에 "사람"이라고 당당하게 답했습니다. 스핑크스는 자기보다 지혜로운 사람이 있다는 사실에 충격을 받아 절벽에서 스스로 떨어져 죽었고, 덕분에 테베에는 평화가 찾아왔답니다.

📑 **감정 활용하기** 〉 '두렵다'의 뜻과 활용 예문을 읽어 봐요.

왈왈 짖는 강아지에게 물릴까 봐 두려웠다.

공연에서 실수할까 봐 두려워서 올라가기 전에 기도를 했다.

✓ **두렵다** 🔍

어떤 대상을 무서워하여 마음이 불안하다.

나는 멀미를 자주 해서 버스나 택시를 타는 게 두렵다.

밤길이 어두워서 혼자서 집까지 걸어가기가 두렵다.

'두렵다'의 뜻을 되새기며 문장을 따라 써요.

	답	을		모	르	는		사	람
들	은		성		밖	으	로		나
가	는		것	이		두	려	웠	습
니	다	.	스	핑	크	스	를		만
나	면		잡	아	먹	힐		게	
뻔	했	기		때	문	이	죠	.	

내 경험 쓰기 지금까지 가장 '두려웠던' 순간은 언제인가요?

예 부모님께 거짓말한 게 들킬까 봐 두려웠다.

답답하다

📑 **동화 살펴보기** '답답하다'라는 감정은 어떤 것일까요? 동화 줄거리를 읽어 봐요.

> **전래 동화**
>
> ## 혹부리 영감과 도깨비
>
> 혹부리 영감이 산에 나무를 하러 갔다가 날이 저물어 빈집에서 하룻밤을 머물기로 했습니다. 혼자였던 영감은 겁이 나서 큰 소리로 노래를 불렀는데, 우렁찬 노랫소리에 반한 도깨비들이 집으로 들어왔습니다.
>
> 도깨비들은 어떻게 하면 노래를 잘 부를 수 있는지, 노래가 어디에서 나오는 것인지 영감에게 물었지요. 영감은 "노래는 목에서 나온다"라고 말했지만 도깨비들은 거짓말이라며 믿지 않았습니다. <u>사실을 말했는데도 믿지 않으니 영감은 너무 답답했어요.</u>
>
> 그러다 영감의 혹을 발견한 도깨비가 혹에서 노래가 나오는 것이라며 혹을 떼어 가 버렸습니다. 그리고 그 대가로 도깨비 방망이를 주었지요. 덕분에 영감은 그 방망이로 "금 나와라 뚝딱!" 주문을 외워 큰 부자가 되었답니다.

📑 **감정 활용하기** '답답하다'의 뜻과 활용 예문을 읽어 봐요.

내일 만나기로 한 효정이랑 하루 종일 연락이 안 되어서 답답하다.

✓ **답답하다** 🔍

숨이 막힐 듯이 갑갑하다.

이번 주 영어 학원 테스트를 생각하니 가슴이 답답해진다.

창문을 활짝 열자 답답했던 마음이 확 트이는 것 같았다.

우리 언니는 싸우면 아무 말도 안 해서 답답하다.

'답답하다'의 뜻을 되새기며 문장을 따라 써요.

	"	노	래	는		목	에	서	
나	온	다	니	까	요	!	"		
	도	깨	비	들	이		믿	지	
않	자		영	감	은		너	무	
답	답	했	습	니	다	.			

내 경험 쓰기 최근에 '답답했던' 순간은 언제인가요?

 속이 답답했는데 방귀를 뀌고 나니 시원해졌다.

27

오늘 날짜 월 일

겁먹다

'겁먹다'라는 감정은 어떤 것일까요? 동화 줄거리를 읽어 봐요.

전래 동화

곶감과 호랑이

산속에 살던 호랑이가 배가 고파 마을로 내려왔는데 아이 울음소리가 들렸습니다. 담 아래서 엿들으니 엄마가 아이를 달래며 "울면 호랑이에게 잡아먹힌다"라고 말하고 있었지요. 아이는 아랑곳하지 않고 울었어요. 그런데 "곶감이다, 곶감"하는 말이 들리자 아이가 울음을 멈췄어요.

호랑이는 자신보다 무서운 곶감이 어떤 동물일지 상상하고 있었습니다. 바로 그때, 지붕 위에 있던 소도둑이 호랑이를 소로 착각하고 호랑이 등으로 뛰어내렸어요. 도둑을 곶감으로 착각한 호랑이는 겁먹고 울부짖으며 산 속으로 도망갔습니다. 호랑이 등에 올라탔다는 사실을 알게 된 소도둑은 행여 떨어질까 봐 찰떡같이 호랑이 등에 붙어 있었지요.

그날 이후 호랑이는 다시는 마을로 내려오지 않았다고 해요.

감정 활용하기 '겁먹다'의 뜻과 활용 예문을 읽어 봐요.

나는 어릴 때 아빠가
혼내시면 겁먹은 얼굴로
울음을 터뜨렸다고 한다.

✓ **겁먹다**

무섭거나
두려워하는 마음을
가지다.

안될까 봐 지레 겁먹지 말고
자신 있게 하면 된다.

높은 미끄럼틀을 보고
조금 겁먹었지만 용기
내서 올라갔다.

담을 넘은 도둑이 큰 개한테
겁먹어 돌아 나왔다.

28

'겁먹다'의 뜻을 되새기며 문장을 따라 써요.

	곶	감	이		자	신	을		덮
쳤	다	고		착	각	한		호	랑
이	는		겁	먹	은		얼	굴	로
내	달	렸	습	니	다	.			

무언가에 '겁먹었던' 적이 있나요?

예 태권도를 처음 배울 때 시작하기도 전에 겁먹는다고 혼났다.

12일차

실망하다

🔖 **동화 살펴보기** '실망하다'라는 감정은 어떤 것일까요? 동화 줄거리를 읽어 봐요.

세계 명작

플랜더스의 개

벨기에의 플랜더스에서 할아버지와 사는 네로는 가난하지만 마음이 따뜻한, 화가가 꿈인 소년이었습니다. 네로는 학대를 당하고 버려진 개 파트라슈를 데려와 정성껏 돌보아 주었습니다. 건강을 되찾은 파트라슈는 네로의 둘도 없는 친구가 되었지요.

할아버지가 돌아가신 뒤 둘은 힘든 삶 속에서도 서로를 의지하며 희망을 품고 살아갔습니다. 비싼 관람료 때문에 보고 싶은 그림도 보지 못하던 네로는 기대했던 미술 대회에서도 상을 받지 못해 크게 실망했습니다.

크리스마스 전날 밤, 네로와 파트라슈는 드디어 보고 싶었던 그림을 보게 되었습니다. 그리고는 추위 속에서 서로 끌어안은 채 잠이 들었습니다. 이튿날 마을 사람들은 영원히 잠들어 버린 둘을 발견하고 슬퍼했습니다.

🔖 **감정 활용하기** '실망하다'의 뜻과 활용 예문을 읽어 봐요.

새 학년 반 배정을 보고 크게 실망했다.

대부분의 아이들이 오늘 급식 메뉴에 실망하는 눈치였다.

✓ **실망하다** 🔍

바라던 일이 뜻대로 되지 않아 마음이 몹시 상하다.

선물을 확인한 동생은 실망한 표정을 감추지 못했다.

담임 선생님께서는 우리의 태도에 실망했다고 말씀하셨다.

'실망하다'의 뜻을 되새기며 문장을 따라 써요.

	네	로	는		마	지	막		희
망	을		걸	었	던		미	술	
대	회	에	서	도		상	을		받
지		못	하	자		크	게		실
망	하	고		말	았	습	니	다	.

최근에 '실망했던' 순간은 언제인가요?

예 기대했던 제주도 여행이 취소되어서 실망했다.

낯설다

📑 **동화 살펴보기** 　 '낯설다'라는 감정은 어떤 것일까요? 동화 줄거리를 읽어 봐요.

전래 동화

젊어지는 샘물

　어느 마을에 마음씨 착한 할아버지와 할머니가 정답게 살고 있었습니다. 하루는 착한 할아버지가 산에서 나무를 하다가 샘물을 마셨는데, 곧바로 기운이 솟고 젊어지는 걸 느꼈습니다.

　그날 저녁, 할머니는 나무를 하고 돌아온 할아버지가 낯설었습니다. 얼굴에 주름도 없었고, 머리카락도 까만 청년의 모습이었기 때문입니다. 할아버지는 할머니도 샘물을 마시게 했고, 두 사람 모두 젊은 시절의 모습으로 돌아갔습니다.

　옆집 욕심쟁이 할아버지가 이 소식을 듣고 샘물로 향했습니다. 그러나 욕심쟁이 할아버지는 욕심을 내어 샘물을 너무 많이 마시는 바람에 아기가 되어 버렸습니다. 젊어진 부부는 할아버지를 찾으러 샘물에 갔다가 아기를 발견했고, 그 아기를 데려와 키우며 행복하게 살았답니다.

📑 **감정 활용하기** 　 '낯설다'의 뜻과 활용 예문을 읽어 봐요.

전학 온 첫 날, 새 학교가
낯설어 긴장이 되었다.

✓ **낯설다** 🔍

**전에 본 기억이 없어
익숙하지 않다.**

처음 먹은 태국 음식은 맛이
낯설게 느껴졌다.

새로운 친구를 만나면
처음에는 낯설지만 곧
친해질 거라 생각한다.

낯선 사람의 말을 믿고
따라가서는 절대 안 된다.

	할	머	니	는		할	아	버	지
가		낯	설	었	습	니	다	.		할
아	버	지		얼	굴	에	는		주
름	도		없	고		흰	머	리	도
까	맣	게		변	했	기		때	문
입	니	다	.						

■ 내 경험 쓰기 (누군가를 보고 '낯설었던' 순간은 언제인가요?

예 몇 년 만에 만난 사촌 오빠가 좀 낯설었다.

33

망설이다

📑 **동화 살펴보기** ‘망설이다’라는 감정은 어떤 것일까요? 동화 줄거리를 읽어 봐요.

> **외국 동화**

인어공주

바닷속 왕에게는 여섯 명의 공주가 있었습니다. 그중 호기심이 많은 막내 인어공주는 열다섯 살이 되어 인간 세상을 구경하다 잘생긴 왕자를 보고 사랑에 빠졌습니다. 그러던 어느 날 거센 태풍에 배가 가라앉자, 인어공주는 배에 탄 왕자를 구해냈지요.

계속해서 왕자를 잊지 못하고 매일 바닷가를 서성거리던 인어공주는 결국 마녀를 찾아갔습니다. 인어공주는 한참을 망설이다가 마녀에게 목소리를 바치고 그 대가로 다리를 얻었습니다.

그러나 왕자는 사람이 된 인어공주를 알아보지 못한 채 이웃 나라 공주와 결혼했습니다. 슬픔에 빠진 인어공주는 바다로 돌아가기를 포기하고 물거품이 되어 사라졌답니다.

📑 **감정 활용하기** ‘망설이다’의 뜻과 활용 예문을 읽어 봐요.

사과하고 싶은데 뭐라고 해야 할지 몰라 망설였다.

✔ **망설이다** 🔍

이리저리 생각만 하고 태도를 결정하지 못하다.

한참을 망설이다가 가게 문을 열고 들어갔다.

인사를 할까 망설이고 있는데 준수가 먼저 말을 걸었다.

답을 고칠까 말까 망설이다가 결국 그냥 두었다.

📌 **감정 따라 쓰기** '망설이다'의 뜻을 되새기며 문장을 따라 써요.

	인	어	공	주	는		매	일	
바	닷	가	로		나	갔	지	만	
왕	자	는		없	었	습	니	다	.
그	리	움	이		커	진		공	주
는		망	설	이	다	가		마	녀
를		찾	아	갔	습	니	다	.	

📌 **내 경험 쓰기** 최근에 '망설였던' 일이 있었나요?

 예 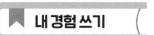 선생님께 질문을 할까 망설이고 있는데 종이 쳤다.

오늘 날짜 ☐ 월 ☐ 일

기특하다

🔖 **동화 살펴보기** ('기특하다'라는 감정은 어떤 것일까요? 동화 줄거리를 읽어 봐요.

전래 동화

자린고비

　옛날에 돈을 지독히 아끼는 자린고비 영감이 살았습니다. 밥 먹는 동안 굴비 한 마리를 천장에 매달아 놓고 쳐다만 보게 할 정도였지요. 보기만 해도 배가 부를 거 라면서 말이에요.

　자린고비가 새로 맞은 며느리 역시 구두쇠 집안에서 자랐습니다. 그의 아버지는 부채가 닳을까 봐 부채질도 안 하고 자기 고개를 흔들 정도였지요.

　며느리가 처음 밥상을 차린 날, 자린고비는 종지 가득 담긴 간장을 보고 놀랐습니다. 하지만 며느리는 "간장을 가득 담아야 보기만 해도 짜서 간장을 조금 찍게 되니 종지 도 숟가락도 닳지 않습니다"라고 말했지요. 자린고비는 며느리가 너무 기특하여 크게 만족했어요. 이후에도 자린 고비 가족은 평생을 절약하며 살았다고 합니다.

🔖 **감정 활용하기** ('기특하다'의 뜻과 활용 예문을 읽어 봐요.

강아지가 가르쳐 준 대로 하는 걸 보면 기특하다.

나는 엄마를 도와 욕실 청소를 하는 기특한 딸이다.

✓ **기특하다** 🔍

말하거나 행동하는 것이 신통하여 귀염성이 있다.

기특하게 숙제를 알아서 다 해 놨네!

먼저 인사하는 내가 기특하신지 할머니는 내 머리를 쓰다듬으셨다.

	며	느	리	의		대	답	을	
들	은		자	린	고	비	는		무
릎	을		탁		쳤	습	니	다	.
며	느	리	가		기	특	해	서	
함	박	웃	음	을		지	었	어	요

.

내 경험 쓰기 ﹥ 누군가 '기특하다'고 느낀 적이 있나요?

예 아픈 나한테 물을 가져다준 동생이 기특했다.

오늘 날짜 [ ] 월 [ ] 일

얄밉다

📑 **동화 살펴보기** ('얄밉다'라는 감정은 어떤 것일까요? 동화 줄거리를 읽어 봐요.

외국 동화

여우와 황새

숲속에 사는 여우가 강가에 사는 황새를 집으로 초대했습니다. 초대를 받은 황새는 들뜬 마음으로 여우의 집으로 향했습니다.

여우는 황새에게 수프를 대접했습니다. 하지만 평평한 접시에 수프를 담아 준 바람에, 긴 부리를 가진 황새는 제대로 먹을 수가 없었습니다. 여우는 쩔쩔매는 황새를 보고 으하하 웃었지요. 황새는 그런 여우가 얄미웠습니다.

며칠 후, 이번엔 황새가 여우를 집으로 초대했어요. 황새는 긴 목이 달린 병에 음식을 담아 왔습니다. 하지만 짧고 뭉툭한 주둥이를 가진 여우는 먹을 수가 없었습니다. 병 속으로 주둥이를 넣을 수가 없었거든요. 황새는 깔깔 웃으며 여우의 병에 담긴 것까지 맛있게 먹었답니다.

📑 **감정 활용하기** ('얄밉다'의 뜻과 활용 예문을 읽어 봐요.

동생이 날 약 올리면서
웃을 때마다 얄미워서
때려 주고 싶다.

✓ **얄밉다** 🔍

**말이나 행동이
약빠르고 밉다.**

혼자 과자를 다 먹어
버리는 형이 너무 얄밉다.

찬우가 내 물건을 숨겨 놓고
쉬는 시간 내내 모른 척해서
너무 얄미웠다.

자기 생각만 하며
얄밉게 행동하면 결국
친구들이 떠난다.

'얄밉다'의 뜻을 되새기며 문장을 따라 써요.

	황	새	는		접	시	에		담
긴		수	프	를		제	대	로	
먹	지		못	했	어	요	.	황	새
는		그	런		자	신	을		보
며		웃	는		여	우	가		얄
미	웠	습	니	다	.				

내 경험 쓰기 누군가 '얄미웠던' 순간은 언제인가요?

예 동생이 엄마 앞에서만 착한 척을 해서 얄미웠다.

39

오늘 날짜　　월　　일

부럽다

📑 **동화 살펴보기**　'부럽다'라는 감정은 어떤 것일까요? 동화 줄거리를 읽어 봐요.

전래 동화

소가 된 게으름뱅이

옛날에 한 게으름뱅이가 있었습니다. 먹고 놀고 잠만 자는 그를 보며 가족들은 소랑 다를 바가 없다고 나무랐지만 게으름뱅이는 듣지 않았어요. <u>오히려 소처럼 살고 싶다며 소가 부럽다고 말했지요.</u>

어느 날 게으름뱅이는 "소머리 모양의 탈을 쓰면 소가 될 수 있다"라고 말하는 할아버지를 만났어요. 재미 삼아 탈을 썼더니, 정말로 소가 되어 버렸지요.

할아버지는 소가 된 게으름뱅이를 어떤 농부에게 팔며, '무를 먹으면 죽을 것'이라고 주의를 주었습니다. 농부 밑에서 끊임없이 일을 하게 된 게으름뱅이는 너무나 괴로웠지요. 결국 죽으려는 생각으로 무를 먹은 순간, 게으름뱅이는 소 가죽을 벗고 다시 사람의 모습으로 돌아왔습니다. 이후 그는 부지런하게 살았다고 합니다.

📑 **감정 활용하기**　'부럽다'의 뜻과 활용 예문을 읽어 봐요.

수학 시험에서 혼자 만점을 받은 친구가 부러웠다.

✓ **부럽다** 🔍

남의 좋은 일이나 물건을 보고 자기도 그랬으면 하고 바라다.

우승 컵을 든 상대편 선수를 보니 부러운 마음이 들었다.

새 운동화를 샀다고 자랑하는 정은이가 부러워서 따라 사고 싶었다.

강준이는 잘생기고 공부랑 운동도 잘해서 세상에 부러울 게 없을 것 같다.

'부럽다'의 뜻을 되새기며 문장을 따라 써요.

	게	으	름	뱅	이	는		종	일
놀	고		먹	을		생	각	뿐	이
었	습	니	다	.		한	가	롭	게
풀	을		뜯	어		먹	는		소
가		부	러	웠	지	요	.		

📑 **내 경험 쓰기** 다른 사람이 '부러웠던' 순간은 언제인가요?

🥕예 새 학기에 친절한 선생님을 만난 준호가 부러웠다.

41

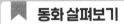
불쾌하다

📑 **동화 살펴보기** ⟨ '불쾌하다'라는 감정은 어떤 것일까요? 동화 줄거리를 읽어 봐요.

전래 동화

나무 그늘을 산 총각

옛날에 마음씨 고약한 부자가 있었습니다. 그는 자신의 나무 그늘에서 마을 사람들이 쉬는 게 기분 나쁘다며 이웃들을 쫓아냈습니다.

어느 날, 한 총각이 부자를 찾아와 "열 냥을 주고 그늘을 사겠다"라고 말했습니다. 부자는 '옳다구나' 하며 그늘을 팔았지요. 총각은 해가 넘어가며 그늘이 부자의 집으로 길게 늘어질 때마다 부자의 집으로 들어가 쉬기 시작했습니다. 심지어 총각이 안방까지 들어와 드러눕자, 부자는 불쾌해서 호통을 쳤습니다. 하지만 총각이 자기 그늘에서 쉬는 것이라고 하자 할 말이 없었지요.

부자의 잔칫날, 총각과 마을 사람들은 그늘을 따라 부잣집으로 들어왔습니다. 초대 받은 손님들은 부자가 돈을 받고 그늘을 판 사실을 알고 부자를 욕했지요. 부자는 창피해하며 마을을 떠났고, 부자의 집은 마을 사람들의 쉼터가 되었답니다.

📑 **감정 활용하기** ⟨ '불쾌하다'의 뜻과 활용 예문을 읽어 봐요.

친구들이 곱슬머리라고
자꾸 놀려서 불쾌하다.

지아가 내 말을 자꾸 끊고
자기 얘기만 해서 불쾌했다.

✓ **불쾌하다** 🔍

**못마땅해서 기분이
좋지 않다.**

외식을 하러 갔는데
사장님이 불친절해서 가족
모두 불쾌했다.

무시 당하면 누구나 불쾌한
감정을 느낀다.

	부	자	는		안	방	에	서	
쉬	고		있	는		총	각	이	
불	쾌	해		썩		나	가	라	고
호	통	을		쳤	습	니	다	.	
	"	제	가		산		그	늘	에
서		쉬	는		건	데	요	?	"

 단톡방에서 내 말이 무시 당해서 불쾌했다.

43

걱정하다 · 걱정되다

 **동화 살펴보기**　'걱정하다(걱정되다)'라는 감정은 어떤 것일까요? 동화 줄거리를 읽어 봐요.

교과서 수록 동화

용기를 내, 비닐장갑!

　장갑 친구들이 다니는 장갑초등학교에 별빛 캠프가 있는 날, 장갑산에 올라 별을 관찰하는 행사를 앞두고 모두가 들떴습니다. 단 한 친구, 비닐장갑만 빼고요.

　'바람에 날아가면 어떡하지? 산불이라도 나면?' 비닐장갑은 걱정이 되어 생각이 꼬리에 꼬리를 물었어요. 하지만 비닐장갑은 얼떨결에 친구들과 함께 산꼭대기까지 따라 올라가서 별자리를 구경하게 되었지요.

　그런데 관찰을 마치고 내려오려 할 때, 선생님의 손전등이 꺼지고 친구들은 어둠 속에서 낭떠러지로 떨어지고 말았어요. 남은 것은 비닐장갑뿐. 친구들의 간절한 외침에 비닐장갑은 용기를 냈지요. 반딧불이를 몸속 가득 품어 구조 신호를 보낸 비닐장갑 덕분에 모두 안전하게 구조되었고, 친구들은 비닐장갑에게 영웅이라며 노래를 불러 주었답니다.

(책읽는곰, 유설화)

 **감정 활용하기**　'걱정하다(걱정되다)'의 뜻과 활용 예문을 읽어 봐요.

부모님은 나의 진로를
걱정하신다.

✓ **걱정하다**
(걱정되다) 🔍

안심이 되지 않아
속을 태우다.
(속이 타다.)

선생님 표정이
안 좋아 보여서 걱정된다.

할머니께서 감기에 걸렸다고
하셔서 가족 모두 걱정했다.

나는 서준이에게 이번
시합은 걱정하지 말라고
웃으며 말했다.

'걱정하다(걱정되다)'의 뜻을 되새기며 문장을 따라 써요.

비닐장갑은 걱정이 되었어요. 생각이 꼬리에 꼬리를 물었죠. '바람에 날려 가면 어쩌지? 산에 불이라도 나면….'

최근에 '걱정했던' 순간은 언제인가요?

예 숙제가 너무 많아 다 할 수 있을지 걱정되었다.

45

놀라다

📑 **동화 살펴보기** '놀라다'라는 감정은 어떤 것일까요? 동화 줄거리를 읽어 봐요.

세계 명작

피노키오

목수 제페토 할아버지가 만든 나무 인형 '피노키오'는 말도 하고 걸을 수도 있었습니다. 하지만 제멋대로인 피노키오는 거짓말을 할 때마다 코가 길어지는 벌을 받게 되었지요.

피노키오는 집을 나와 떠돌며 할아버지를 걱정시켰습니다. 강도도 만나고, 감옥에도 들어가지만 요정의 도움으로 다시 집으로 돌아갔지요. 하지만 또다시 거짓말을 해서 결국 거대한 상어에게 잡아먹히게 되었습니다.

그런데 상어 배 속에서 피노키오는 깜짝 놀랐습니다. 제페토 할아버지를 만났거든요! 두 사람은 용기를 내어 탈출합니다. 이후로 피노키오는 자신의 잘못을 반성하고 착한 소년이 되어 진짜 인간이 되었답니다.

📑 **감정 활용하기** '놀라다'의 뜻과 활용 예문을 읽어 봐요.

길을 건너다 자동차 경적 소리에 깜짝 놀랐다.

유정이는 점수가 기대했던 것보다 잘 나와서 놀란 것 같았다.

✓ **놀라다** 🔍

뜻밖의 일이나 무서움에 가슴이 두근거리다.

동생이 나라 이름을 거의 다 알고 있어서 솔직히 놀랐다.

자라 보고 놀란 가슴은 솥뚜껑 보고도 놀란다.

감정 따라 쓰기 ‘놀라다’의 뜻을 되새기며 문장을 따라 써요.

	할	아	버	지	를		만	난
피	노	키	오	는		깜	짝	놀
라	며		기	뻐	했	습	니	다	.
	"	이	제		다	시	는	할
아	버	지		곁	을		떠	나	지
않	을		거	예	요	!	"	

내 경험 쓰기 최근에 ‘놀란’ 순간은 언제인가요?

 영화관에서 무서운 장면이 나왔을 때 너무 놀라 소리를 질렀다.

무섭다

동화 살펴보기 '무섭다'라는 감정은 어떤 것일까요? 동화 줄거리를 읽어 봐요.

외국 동화

헨젤과 그레텔

흉년으로 먹을 것이 부족해지자 두 남매 헨젤과 그레텔의 못된 계모는 아이들을 숲에 버렸습니다. 하지만 헨젤은 길을 기억하려고 길을 걸으며 돌멩이를 떨어뜨렸고, 덕분에 두 아이는 무사히 집으로 돌아왔지요. 그러나 또다시 버려졌을 때는 빵 부스러기를 떨어트렸는데, 새들이 그것을 쪼아 먹는 바람에 길을 잃고 말았어요.

숲속을 헤매던 헨젤과 그레텔은 과자로 만든 집을 발견했어요. 하지만 그 집은 아이들을 잡아먹는 무서운 마녀의 함정이었답니다. 마녀는 헨젤을 가두고 그레텔에게 일을 시켰습니다. 헨젤이 통통하게 살찌길 기다리면서요.

그러나 영리한 그레텔은 마녀를 속여 뜨거운 화덕에 집어넣고, 헨젤과 함께 보물을 챙겨 집으로 돌아와 행복하게 살았답니다.

감정 활용하기 '무섭다'의 뜻과 활용 예문을 읽어 봐요.

1학년일 때까지만 해도 밤에 혼자 자는 게 무서웠다.

✓ **무섭다**
어떤 대상에 대해 꺼려지거나 무슨 일이 일어날까 겁나는 데가 있다.

높은 곳에서 아래를 내려다보면 너무 무섭다.

숙모가 실제로 겪었던 무서운 이야기를 해 주셨다.

언니는 스릴러 영화를 보다가 무섭다고 소리를 질렀다.

'무섭다'의 뜻을 되새기며 문장을 따라 써요.

	과	자	로		만	든		집	에
사	는		할	머	니	는		친	절
한		척	했	을		뿐	,	아	이
들	을		잡	아	먹	는		무	서
운		마	녀	였	습	니	다	.	

내 경험 쓰기 지금까지 가장 '무서웠던' 순간은 언제인가요?

예 아무도 없는 집에 갑자기 방문이 닫혀서 무서웠다.

22일차

오늘 날짜 　 월 　 일

억울하다

📑 **동화 살펴보기** ('억울하다'라는 감정은 어떤 것일까요? 동화 줄거리를 읽어 봐요.

전래 동화

팥죽 할머니와 호랑이

　호랑이가 혼자 팥 농사를 짓는 할머니를 잡아 먹으러 왔습니다. 할머니는 '팥죽을 먹는 동짓날 까지만 기다려 달라'고 애원했지요.

　시간이 흘러 동짓날이 되었습니다. 팥죽을 끓이던 할머니는 호랑이에게 잡아먹힐 생각을 하니 억울해서 눈물을 흘렸습니다. 할머니의 사연을 알게 된 알밤, 자라, 개똥, 송곳, 맷돌, 멍석, 지게는 팥죽을 한 그릇씩 얻어먹고는 할머니를 돕기로 약속했습니다.

　마침내 호랑이가 왔을 때, 알밤은 호랑이 눈을 때리고 자라는 호랑이 코를 물어 버렸습니다. 놀란 호랑이는 개똥을 밟아 미끄러지다 송곳에 찔리고, 결국 맷돌에 부딪혀 죽었습니다. 멍석은 호랑이를 둘둘 말고, 지게는 호랑이를 짊어지고 가서 깊은 강에 버렸답니다.

📑 **감정 활용하기** ('억울하다'의 뜻과 활용 예문을 읽어 봐요.

방학인데 하루 종일 학원 숙제만 하려니 억울하다.

✔ **억울하다** 🔍
아무 잘못 없이
꾸중을 듣거나 벌을
받거나 하여 분하고
답답하다.

잘못한 게 없는데 덩달아 혼이 나니 억울했다.

누명을 쓰면 억울해서 잠도 못 잘 것 같다.

아빠는 항상 동생 말만 믿어서 억울하다.

'억울하다'의 뜻을 되새기며 문장을 따라 써요.

	할	머	니	는		아	무		잘
못	도		없	이		갑	자	기	
호	랑	이		먹	잇	감	이		된
다	는		게		너	무		억	울
했	습	니	다	.					

내 경험 쓰기 '억울하다'고 느낀 적이 있나요?

예 편의점 사장님이 내가 물건을 훔쳤다고 오해해서 억울했다.

오늘 날짜 　월 　일

슬프다

'슬프다'라는 감정은 어떤 것일까요? 동화 줄거리를 읽어 봐요.

세계 명작

어린 왕자

　비행기 고장으로 사막에 추락한 조종사가 어린 왕자를 만났습니다. 어린 왕자는 조종사에게 자신이 살던 작은 별과 장미 이야기를 들려주었습니다. 어린 왕자는 장미를 사랑했지만, 장미의 까다로운 성격에 상처 받고 그 별을 떠나 여러 별을 여행하고 있었던 거예요.

　지구에 온 어린 왕자는 한가득 핀 장미를 보고 충격을 받았어요. 작은 별에서는 하나뿐인 장미가 특별했는데, 이제는 더 이상 그 장미가 특별하지 않다는 생각에 슬펐습니다.

　어린 왕자는 여우를 만나 '길들인다'는 것의 의미를 배우고, 자신이 떠나온 장미가 얼마나 소중한 존재인지 깨달았습니다. 어린 왕자는 자신이 외롭고 연약한 장미를 돌보아 주어야 했다는 사실을 깨닫고 작은 별로 돌아갔습니다.

감정 활용하기 '슬프다'의 뜻과 활용 예문을 읽어 봐요.

유치원 때부터 친했던 지안이가 이사를 간다고 해서 슬프다.

✓ **슬프다**

원통한 일을 겪거나 불쌍한 일을 보고 마음이 아프고 괴롭다.

드라마가 너무 슬프게 끝나서 나도 모르게 눈물이 흘렀다.

그런 슬픈 표정 하지 말아요.

항상 힘이 넘치던 엄마가 아프시니까 너무 슬프더라.

	오	천		송	이	나		핀	
장	미	를		본		어	린		왕
자	는		작	은		별	에		두
고		온		장	미	가		생	각
나		슬	펐	어	요	.			

내 경험 쓰기 지금까지 가장 '슬펐던' 순간은 언제인가요?

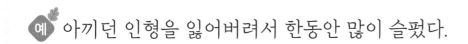

예 아끼던 인형을 잃어버려서 한동안 많이 슬펐다.

싫다

 동화 살펴보기 '싫다'라는 감정은 어떤 것일까요? 동화 줄거리를 읽어 봐요.

외국 동화

개구리 왕자

옛날에 아름다운 공주가 있었습니다. 어느 날 공주는 연못에서 놀다가 황금 공을 물속에 빠트리게 되었습니다. 그때, 개구리가 나타나 공을 찾아 줄 테니 대신 공주에게 자신을 궁전으로 데려가 함께 지내게 해달라고 부탁했어요. 공주는 마지못해 약속했지만, 사실 그 약속을 지킬 생각이 없었지요.

황금 공을 찾아 준 개구리는 궁전까지 쫓아와 공주에게 약속을 지키라고 요구했습니다. 약속을 지키라는 임금님 때문에 공주는 개구리와 함께 식사를 하고, 침대에서 함께 자는 것까지 허락하게 되었어요.

하지만 개구리가 징그럽고 싫었던 공주는 화가 나서 개구리를 벽에 던져버렸어요. 그러자 놀랍게도 개구리는 잘생긴 왕자로 변했답니다! 왕자가 마법에 걸려 개구리로 변했던 것이었죠. 이후 공주와 왕자는 결혼해서 행복하게 살았어요.

📑 **감정 활용하기** '싫다'의 뜻과 활용 예문을 읽어 봐요.

오빠가 노크도 안 하고 내 방에 함부로 들어오는 게 너무 싫다.

✓ **싫다**

마음에 들지 않다.

아빠 수염이 너무 까끌까끌해서 싫은 표정을 숨길 수가 없었다.

하기 싫은 일도 해야 할 때가 있다.

채소 중에 당근이 제일 싫다.

	공	주	는		함	께		자	는
것	을		허	락	하	긴		했	지
만		개	구	리	가		징	그	럽
고		싫	었	습	니	다	.	결	국
공	주	는		개	구	리	를		벽
에		던	졌	습	니	다	.		

 예 매일 학교에 같이 가자는 친구의 부탁을 들어주기 싫었다.

사랑스럽다

📑 **동화 살펴보기** ('사랑스럽다'라는 감정은 어떤 것일까요? 동화 줄거리를 읽어 봐요.

> 📎 **그리스 신화**
>
> ## 수선화가 된 소년 나르키소스
>
> 옛날 옛적 그리스에 나르키소스라는 아주 잘생긴 소년이 있었습니다. 많은 사람들이 그를 사랑했지만, 나르키소스는 그들의 마음을 받아 주지 않았지요. 특히 에코라는 요정은 나르키소스에게 자신의 마음을 거절 당한 후 슬픔에 빠져 목소리만 남게 되었어요.
>
> 이 모습을 본 여신들은 나르키소스에게 자기 자신과 사랑에 빠지는 벌을 내리기로 했습니다. 어느 날 나르키소스는 연못에 비친 자신의 모습을 보고, 그것이 자신인 줄도 모르고 사랑에 빠졌어요. 그는 그 얼굴이 너무 사랑스러워 자리를 뜨지 못했습니다. 하지만 이룰 수 없는 사랑이었기에, 나르키소스는 시름시름 앓다가 죽고 말았지요.
>
>
>
> 얼마 뒤, 그가 죽은 자리에는 수선화가 피어났답니다.

📑 **감정 활용하기** ('사랑스럽다'의 뜻과 활용 예문을 읽어 봐요.

내가 집에 오면 꼬리를
흔들며 뛰어오는
강아지가 사랑스럽다.

아기 판다가 꼼지락거리는
모습이 참 사랑스러웠다.

✓ **사랑스럽다** 🔍

생김새나 행동이
사랑을 느낄 만큼
귀여운 데가 있다.

아빠는 엄마에게
'사랑스러운 자기에게'라고
편지를 썼다.

봄에 피는 노란 개나리가
얼마나 사랑스러운지
모른다.

'사랑스럽다'의 뜻을 되새기며 문장을 따라 써요.

	나	르	키	소	스	는		깜	짝
놀	랐	습	니	다	.	자	신	의	
모	습	이		너	무		사	랑	스
러	웠	거	든	요	.	그	는		자
기		자	신	과		사	랑	에	
빠	져	버	렸	습	니	다	.		

내 경험 쓰기 누군가 '사랑스럽다'고 느낀 적이 있나요?

예 지난 달에 태어난 조카가 너무 사랑스러웠다.

당황하다

> **동화 살펴보기** ‘당황하다’라는 감정은 어떤 것일까요? 동화 줄거리를 읽어 봐요.

외국 동화

황금 알을 낳는 거위

　옛날에 한 농부가 있었는데, 그에게는 황금 알을 낳는 특별한 거위가 있었습니다. 매일 아침 농부는 거위가 낳은 반짝이는 황금 알을 보고 크게 기뻐하며, 그 알을 팔아 돈을 벌었어요. 덕분에 농부는 점점 부자가 되었지요.

　처음에는 하루에 하나씩 나오는 황금 알에 만족했지만, 농부는 시간이 지나면서 더 많은 황금 알을 한꺼번에 얻고 싶은 욕심이 생겼어요. ‘거위의 배 속에 황금 알이 가득 차 있을 거야. 배를 갈라 보면 한 번에 다 꺼낼 수 있을 거야!’

　결국 참을 수 없었던 농부는 거위를 잡아 배를 갈랐습니다. 하지만 거위의 배 속에 아무것도 없자 당황했어요. 게다가 거위는 그 자리에서 죽고 말았지요. 농부는 욕심 때문에 모든 것을 잃게 되었답니다.

> **감정 활용하기** ‘당황하다’의 뜻과 활용 예문을 읽어 봐요.

시상식에서 진행자가
갑자기 소감을 묻자 배우는
당황한 표정을 지었다.

✓ **당황하다** 🔍

**놀라거나 다급하여
어찌할 바를 모르다.**

친구에게 나도 모르는 내
사진이 있어서 당황했다.

내가 말하지 않은 내용을
수아가 알고 있어서
당황했다.

선생님이 이름을 부르시자
진수는 당황한 얼굴로
일어났다.

58

	거	위	의		배	를		갈	라
보	았	지	만		그		안	에	는
아	무	것	도		없	었	어	요	.
황	금	을		기	대	했	던		농
부	는		죽	은		거	위	를	
보	며		당	황	했	지	요	.	

내 경험 쓰기 최근에 '당황한' 순간은 언제인가요?

 갑자기 지호가 고백을 해서 당황한 나머지 아무 말도 못했다.

오늘 날짜 ☐ 월 ☐ 일

무시무시하다

📑 **동화 살펴보기** ('무시무시하다'라는 감정은 어떤 것일까요? 동화 줄거리를 읽어 봐요.

교과서 수록 동화

대단한 참외씨

참외씨 하나가 철이의 입속으로 들어가기 전 탈출에 성공했습니다. 잡아먹힐 뻔한 위기를 넘긴 참외씨는 세상이 무시무시한 곳이라는 걸 깨닫게 되었지요.

참외씨는 고양이에게 부딪히기도 하고 나비 날개에 붙들리기도 하며 험난한 모험을 했습니다. 그러다 결국 새에게 잡아먹혔지만, 새똥과 함께 땅으로 떨어졌지요.

참외씨는 힘을 내어 흙 속으로 들어가 자신의 꿈을 위해 견디고 또 견뎠습니다. 뜨거운 햇볕이 내리쬐어도, 세찬 바람이 몰아쳐도, 차가운 비가 아프게 때려도 "나는야, 대단한 참외씨"라고 스스로에게 용기를 주었지요.

결국 참외씨는 싹을 틔우고, 덩굴을 키우고, 꽃도 피우며 꿈을 이루었답니다.

(한울림어린이, 임수정)

📑 **감정 활용하기** ('무시무시하다'의 뜻과 활용 예문을 읽어 봐요.

어젯밤 천둥소리는 무시무시했다.

집채만한 파도가 무시무시하게 밀려왔다.

✓ **무시무시 하다** 🔍

몹시 무섭다.

시골에 가서 본 장승의 생김새가 무시무시했다.

그 영화의 주인공은 무시무시하게 생긴 외계 생명체였다.

	철	이	가		쓰	윽		입	을
닦	아	요	.						
	"	아	이	쿠	!	세	상	은	
무	시	무	시	하	구	나	.	"	
	참	외	씨	는		재	빨	리	
팔	꿈	치	로		도	망	갔	어	요	.

내 경험 쓰기 〈 누군가를 보고 '무시무시하다'고 느낀 순간은 언제인가요?

예 3학년 때 담임이셨던 박노발 선생님이 소문대로 무시무시했다.

의심스럽다

📖 **동화 살펴보기** 　 '의심스럽다'라는 감정은 어떤 것일까요? 동화 줄거리를 읽어 봐요.

전래 동화

해와 달이 된 오누이

깊은 산속에서 오누이를 키우던 어머니는 어느 날 떡 장사를 마치고 집으로 돌아오는 길에 호랑이를 마주쳤습니다.

"떡 하나 주면 안 잡아먹지! 어흥~" 어머니는 떡을 달라는 호랑이에게 장사하고 남은 떡을 던져 주었습니다. 그렇게 몇 번은 호랑이에게서 달아날 수 있었지만, 얼마 지나지 않아 떡이 다 떨어지고 말았어요. 호랑이는 결국 어머니를 잡아먹은 뒤 어머니의 옷을 입고 오누이가 있는 집으로 갔지요.

"얘들아. 많이 기다렸지? 엄마 왔어. 문 열어 봐~"

하지만 오누이는 엄마 목소리가 아닌 것 같아 <u>의심스러웠습니다</u>. 손을 보여달라고 하자 털이 수북한 손이 창호지를 뚫고 들어왔어요. 깜짝 놀라 문밖을 보니 그곳에는 호랑이가 있었지요.

📖 **감정 활용하기** 　 '의심스럽다'의 뜻과 활용 예문을 읽어 봐요.

드라마에서 혼자 조용히 웃고 있는 저 사람의 정체가 의심스럽다.

✓ **의심스럽다** 🔍

확실히 알 수 없어서 믿지 못할 만한 데가 있다.

지훈이가 과연 친구를 괴롭히지 않겠다는 약속을 지킬지 의심스럽다.

동생이 눈을 마주치지 않는 게 뭔가 숨기고 있는 것 같아 의심스럽다.

엄마는 나를 의심스러운 눈빛으로 바라보셨다.

	오	빠	는		문	을		열	려
는		동	생	을		말	렸	어	요	.
엄	마		목	소	리	가		이	상
했	거	든	요	.		오	누	이	는	
정	말	로		엄	마	가		맞	는
지		의	심	스	러	웠	어	요	.

내 경험 쓰기 (누군가 '의심스럽다'고 느낀 적이 있나요?

예 하굣길에 의심스러운 행동을 하는 사람을 보았다.

63

속상하다

🔖 **동화 살펴보기** ⟩ '속상하다'라는 감정은 어떤 것일까요? 동화 줄거리를 읽어 봐요.

세계 명작

키다리 아저씨

꿈 많은 고아 소녀 주디는 자신을 돕겠다는 신비한 후원자를 만나게 되었습니다. 그는 자신의 정체를 밝히지 않고 주디를 도와주었어요. 주디는 그를 '키다리 아저씨'라고 부르며, 약속한 대로 그에게 매달 편지를 보냈습니다.

어느덧 대학생이 된 주디는 학교에서 겪은 일이나 고민, 그리고 이루고 싶은 꿈을 키다리 아저씨에게 보내는 편지에 솔직하게 털어놓았어요. 그리고 평소 좋아했던 저비스 도련님의 청혼도 받게 되었지요. 하지만 주디는 고아라는 자신의 처지 때문에 청혼을 거절한 게 너무 속상했습니다.

그러던 어느 날, 집으로 놀러 오라는 키다리 아저씨의 편지를 받은 주디는 그의 집으로 향했습니다. 그리고 그곳에서 저비스 도련님이 바로 키다리 아저씨였다는 걸 알게 되었지요. 두 사람은 서로의 마음을 확인하고 사랑에 빠졌답니다.

🔖 **감정 활용하기** ⟩ '속상하다'의 뜻과 활용 예문을 읽어 봐요.

부모님이 내 말을 안 들어 주셔서 정말 속상했다.

✓ **속상하다** 🔍

화가 나거나
걱정이 되어 마음이
불편하고 우울하다.

약속을 몇 번이나 미룬 친구 때문에 속상하다.

몇 달 동안 열심히 연습했는데 콩쿠르 결과가 안 좋아서 속상하다.

속상한 마음에 하늘을 보고 소리를 질렀다.

'속상하다'의 뜻을 되새기며 문장을 따라 써요.

	주	디	는		가	난	한		처
지		때	문	에		저	비	스	
도	련	님	의		청	혼	을		거
절	한		것	이		너	무	나	
속	상	했	습	니	다	.			

내 경험 쓰기 '속상하다'고 느낀 적이 있나요?

예 응원한 야구 팀이 경기에서 져서 속상했다.

오늘 날짜 ☐ 월 ☐ 일

지루하다

동화 살펴보기 ‘지루하다’라는 감정은 어떤 것일까요? 동화 줄거리를 읽어 봐요.

외국 동화

양치기 소년

옛날에 한 소년이 양치기 일을 하고 있었습니다. 소년은 양들을 돌보며 한적한 들판에서 시간을 보냈는데, 매일 똑같이 반복되는 나날이 너무 지루했습니다. 그래서 장난을 치기로 마음먹었지요.

소년은 마을 사람들을 놀라게 하려고 크게 소리쳤어요. "늑대다! 늑대가 나타났어요! 도와주세요!" 마을 사람들은 깜짝 놀라 달려왔지만, 늑대는 없었어요. 소년은 크게 웃으며 장난이었다고 말했어요. 그 후로도 소년은 몇 번이나 늑대가 나타났다고 거짓말을 했습니다.

그러던 어느 날, 진짜로 늑대가 나타났어요. 소년은 얼른 큰 소리로 마을 사람들에게 도움을 요청했지만, 이제는 아무도 소년의 말을 믿지 않았어요. 결국 양들은 늑대에게 모두 잡아먹히고 말았답니다.

감정 활용하기 ‘지루하다’의 뜻과 활용 예문을 읽어 봐요.

주말인데 아무 데도 안 가고 집에만 있으려니 지루하다.

✔ **지루하다**

시간이 오래 걸리거나 같은 상태가 오래 계속되어 따분하고 싫증이 나다.

들었던 이야기를 또 듣고 있으니 지루했다.

오늘따라 수업이 지루해서 나도 모르게 꾸벅 졸았다.

경주 여행을 갈 때 차가 막혀 지루한 시간을 견뎌야 했다.

	하	루		종	일		지	루	했
던		양	치	기		소	년	은	
장	난	을		치	기	로		마	음
먹	었	습	니	다	.				
	"	늑	대	다	!		늑	대	가
나	타	났	다	!	"				

예 놀이기구를 기다리는 줄이 길어서 지루했다.

설레다

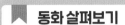 **동화 살펴보기**   '설레다'라는 감정은 어떤 것일까요? 동화 줄거리를 읽어 봐요.

전래 동화

소금을 만드는 맷돌

옛날 옛날 백성을 잘 챙기는 마음씨 착한 임금이 있었습니다. 그리고 임금에게는 무엇이든 만들어 내는 맷돌이 있었습니다. 그러던 어느 날, 도둑 한 명이 궁전으로 들어가 맷돌을 훔쳐 나오는 데 성공했습니다. 그는 배를 타고 먼 바다로 도망쳤습니다.

'무엇을 달라고 할까?' 신비한 맷돌을 손에 넣은 도둑은 설레었습니다. 도둑이 고민 끝에 아주 비싸고 귀한 '소금'을 달라고 말하자, 바로 하얀 소금이 맷돌에서 쏟아져 나왔습니다. 도둑은 만세를 부르며 행복해했습니다.

소금은 금세 배를 채웠지만 도둑은 맷돌을 멈추는 법을 몰랐습니다. 결국 배는 무게를 견디지 못하고 가라앉았습니다. 바닷물이 짠 까닭은 지금도 그 맷돌이 소금을 계속 만들어내기 때문이라고 합니다.

 감정 활용하기   '설레다'의 뜻과 활용 예문을 읽어 봐요.

현장 학습을 갈 생각에
오후 내내 설레었다.

✓ **설레다**

**마음이 가라앉지
않고 들떠서
두근거리다.**

올해 생일 선물은 뭘까
가슴이 설렌다.

짝꿍을 뽑는 날은 설레고
긴장도 된다.

올해 같은 반인 친구들은
누구일지 설레는 마음으로
교실 문을 열었다.

'설레다'의 뜻을 되새기며 문장을 따라 써요.

	도	둑	은		바	다		한	가
운	데	에	서		신	비	한		맷
돌	을		바	라	보	며		부	자
가		될		생	각	에		설	레
었	습	니	다	.					

내 경험 쓰기 지금까지 가장 '설렜던' 순간은 언제인가요?

예 이사 가기 전에 설레는 마음으로 짐을 쌌다.

어리둥절하다

📑 **동화 살펴보기** '어리둥절하다'라는 감정은 어떤 것일까요? 동화 줄거리를 읽어 봐요.

세계 명작

빨강 머리 앤

빨강 머리 앤은 고아원의 실수로 매슈와 마릴라 남매의 초록 지붕 집에 입양되었습니다. 앤을 처음 본 남매는 예상과 달라 어리둥절했습니다. 그들이 입양하기로 한 건 남자아이였거든요.

앤은 남자아이도 아니었고 말썽도 피웠지만 상상력이 풍부하고 쾌활한 소녀였습니다. 시간이 지나며 매슈와 마릴라의 사랑을 듬뿍 받게 되었지요. 앤은 학교를 다니며 다이애나와 절친한 친구가 되었고, 길버트와는 티격태격 서로 경쟁하며 성장했습니다.

밝은 성격과 노력으로 퀸스 학교에 입학한 앤은 장학금을 받고 교사 자격증을 따는 것은 물론, 대학에 다닐 기회도 얻었습니다. 그러나 매슈가 세상을 떠나자, 앤은 대학 진학을 포기하고 선생님이 되어 초록 지붕 집에 남기로 결심했습니다.

📑 **감정 활용하기** '어리둥절하다'의 뜻과 활용 예문을 읽어 봐요.

선생님 말씀이 무슨 뜻인지 이해하지 못해서 어리둥절했다.

✔ **어리둥절 하다** 🔍

무슨 영문인지 잘 몰라서 얼떨떨하다.

언니가 어리둥절한 표정으로 전화를 받았다.

다들 웃고 있는데 그 이유를 몰랐던 나는 어리둥절했다.

만화책 속 주인공이 왜 그런 선택을 했는지 어리둥절하다.

남	자	아	이	가		아	닌	
여	자	아	이	를		만	난		매
슈	와		마	릴	라	는		어	디
서	부	터		잘	못	된		것	인
지	를		몰	라		어	리	둥	절
했	습	니	다	.					

내 경험 쓰기 (최근에 '어리둥절했던' 순간은 언제인가요?

예 갑자기 사이렌 소리가 나서 어리둥절한 표정으로 창밖을 봤다.

71

33일차

불안하다

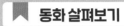 **동화 살펴보기** '불안하다'라는 감정은 어떤 것일까요? 동화 줄거리를 읽어 봐요.

세계 명작

정글 북

깊은 정글에 사는 검은 표범 바기라는 바구니 안에 담긴 갓난아기를 발견했습니다. 그 아기는 '모글리'라는 이름을 얻어 늑대 무리 안에서 성장하게 되었지요. 모글리는 늑대 가족, 표범 바기라, 듬직한 곰 발루의 보호를 받으며 건강하게 자라 동물들과 친구가 되고 정글의 법칙도 배웠습니다.

그러나 인간에게 깊은 복수심을 가진 호랑이 칸이 정글로 돌아오면서, 동물들은 칸이 모글리를 해칠 수도 있다는 생각에 불안했습니다. 모글리는 발루와 바기라의 도움을 받아 여러 번 위험한 상황을 넘겼지만 결국 자신이 인간들과 어울려 살아야 할 때가 왔다는 것을 깨달았지요.

정글에서의 모험으로 배운 용기와 지혜를 가지고, 모글리는 인간 세계로 떠날 결심을 했습니다.

감정 활용하기 '불안하다'의 뜻과 활용 예문을 읽어 봐요.

캠핑 첫날 밤,
밖에서 이상한 소리가
들려와 불안했다.

✓ **불안하다**

마음이 편하지 않다.

엄마가 몇 시간 동안 전화를
안 받으셔서 불안한 마음이
들었다.

시험 보는 중간에 배가
아플까 봐 불안했다.

아빠가 불안한 표정으로
의사의 이야기를 들었다.

	죽	은		줄		알	았	던	
호	랑	이		칸	이		돌	아	왔
습	니	다	.	늑	대		가	족	들
은		모	글	리	가		해	를	
입	는		것	은		아	닐	지	
격	정	되	고		불	안	했	지	요	.

🔖 **내 경험 쓰기** ‘불안하다’고 느낀 적이 있나요?

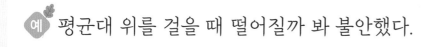 평균대 위를 걸을 때 떨어질까 봐 불안했다.

34일차

화나다 · 화가 나다

📑 **동화 살펴보기**   '화나다(화가 나다)'라는 감정은 어떤 것일까요? 동화 줄거리를 읽어 봐요.

교과서 수록 동화

바삭바삭 갈매기

평화로운 바위섬에 살고 있던 갈매기가 어느 날 지나가던 배에서 아이들이 던져 주는 과자를 맛보고 그 맛에 반해버렸습니다. 과자를 하나라도 더 먹기 위해 배를 쫓아간 갈매기는 어느덧 사람들이 사는 마을까지 다다랐습니다.

과자 맛을 잊을 수 없었던 갈매기는 마을 구석구석을 헤맸습니다. 하지만 사람들은 먹다 남은 생선 대가리 같은 것만 던져 주어서 갈매기는 자꾸만 화가 났습니다.

그러다가 갈매기는 우연히 바삭바삭 과자를 발견했어요. 갈매기는 얼른 봉지를 입에 물고 도망쳤지요. 조용한 곳에서 과자를 한 입 맛보려는 순간, 갈매기는 과자에 중독되어 있는 끔찍한 모습의 새들을 보게 되었습니다.

갈매기는 정신을 차리고 힘껏 하늘로 멀리 날아올랐습니다.

(한림출판사, 전민걸)

📑 **감정 활용하기**   '화나다(화가 나다)'의 뜻과 활용 예문을 읽어 봐요.

너희들이 자꾸 약 올려서 화났으니까 말 시키지 마!

동생이 내 숙제를 망쳐 놓아서 너무 화가 났다.

✓ **화나다 (화가 나다)** 🔍

성이 나서 화기가 생기다.

형, 나 때문에 많이 화났어? 미안해.

화난다고 말을 함부로 하면 안 된다.

'화나다(화가 나다)'의 뜻을 되새기며 문장을 따라 써요.

	먹	다		남	은		생	선	
대	가	리	는		끈	적	거	리	고
비	린	내	만		나	지	,	맛	이
없	었	습	니	다	.		갈	매	기	는
자	꾸	만		화	가		났	습	니
다	.								

내 경험 쓰기 최근에 '화난' 순간은 언제인가요?

예 수업 시간에 뒷자리 아이들이 자꾸 떠들어서 화가 났다.

35일차

서럽다

📑 **동화 살펴보기** ('서럽다'라는 감정은 어떤 것일까요? 동화 줄거리를 읽어 봐요.

전래 동화

콩쥐 팥쥐

　어느 마을에 콩쥐라는 착하고 성실한 소녀가 살았습니다. 그런데 콩쥐의 새어머니와 의붓동생 팥쥐는 콩쥐를 미워해서, 힘든 집안일을 시키며 괴롭혔지요.

　마을에 잔치가 열린 어느 날 새어머니는 콩쥐에게 많은 일을 시킨 후 팥쥐만 데리고 집을 나섰습니다. 깨진 항아리에 물을 붓던 콩쥐는 서러워서 엉엉 울었어요. 그때 어디선가 두꺼비, 참새, 선녀가 나타나 집안일을 마치도록 도와주고, 콩쥐가 잔치에 갈 수 있도록 멋진 옷을 주었습니다.

　잔치에서 콩쥐는 원님의 눈에 띄게 되었어요. 원님은 콩쥐의 아름다움과 착한 마음에 반해 콩쥐와 혼인하기로 했지요. 결국 새어머니와 팥쥐의 못된 행동은 모두 밝혀지고, 콩쥐는 행복하게 살게 되었답니다.

📑 **감정 활용하기** ('서럽다'의 뜻과 활용 예문을 읽어 봐요.

친구들이 나만 빼고
네 컷 사진을 찍으러 가서
서러웠다.

✔ **서럽다** 🔍

원통하고 슬프다.

비 오는 날, 우산도 없이
혼자 비를 맞고 가자니 왠지
서러웠다.

하고 싶은 말도 못하고
듣고만 있어야 해서
서러운 마음에 울었다.

공부하느라 놀 시간이
줄어들면 서러울 것 같다.

	콩	쥐	는		부	지	런	히	
물	을		날	라		항	아	리	에
부	었	습	니	다	.		하	지	만
항	아	리	가		깨	져		있	어
소	용	없	었	지	요	.	콩	쥐	는
서	러	워	서			울	었	어	요

📑 **내 경험 쓰기** '서럽다'고 느낀 적이 있나요?

 가족 중에 내 편을 들어주는 사람이 없어서 서러웠다.

정겹다

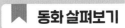

📑 **동화 살펴보기** ('정겹다'라는 감정은 어떤 것일까요? 동화 줄거리를 읽어 봐요.

> **교과서 수록 동화**
>
> ## 베짱베짱 베 짜는 베짱이
>
> 어린이를 위한 동시와 이야기를 쓰는 이야기할아버지가 어느날 클로버만큼 작아졌습니다. 다시 커지기 위해서는 쥐들이 가지고 있는 '커졌다 작아졌다' 마법 열매를 먹어야 했지요.
>
> 하지만 흉악한 쥐들이 작아진 할아버지를 잡아먹을지도 몰랐어요. 다행히 마음씨 착한 베짱이가 쥐들이 좋아하는 '베'를 부지런히 짜서 할아버지에게 선물해 주었습니다. 할아버지는 베짱이가 짜 준 베를 마법 열매와 바꾸어 다시 몸이 커졌답니다.
>
> 할아버지는 그 보답으로, 게으른 것으로 알려진 베짱이가 사실은 아주 부지런한 곤충이라는 내용의 시를 만들어 아이들에게 들려주었지요. 풀벌레 우는 소리가 정겹게 들리는 가을밤, 할아버지와 아이들은 베를 짜고 있을 베짱이를 상상했습니다.
>
>
>
> (한림출판사, 임혜령, 〈이야기할아버지의 이상한 밤〉)

📑 **감정 활용하기** ('정겹다'의 뜻과 활용 예문을 읽어 봐요.

엄마가 저녁을 준비하시는 소리가 정겹다.

✓ **정겹다** 🔍

정이 넘칠 정도로 매우 다정하다.

이야기를 나누는 엄마와 딸의 모습이 정겨워 보였다.

정겨웠던 작년 담임 선생님을 생각하니 그때로 돌아가고 싶다.

앨범을 펼쳐 보니 정겨운 얼굴들이 눈에 들어왔다.

	풀	벌	레		우	는		소	리
가		정	겹	게		느	껴	지	는
가	을	밤	이		조	용	히		깊
어		가	고		있	습	니	다	.

🔖 **내 경험 쓰기** (누군가 '정겹다'고 느낀 적이 있나요?

 하영이가 손글씨로 편지를 써 주어서 정겹다고 느꼈다.

질투하다

📑 **동화 살펴보기** ‘질투하다’라는 감정은 어떤 것일까요? 동화 줄거리를 읽어 봐요.

백설공주

옛날에 아름다운 백설공주가 살았습니다. 하지만 새엄마였던 못된 왕비는 백설공주의 아름다움을 질투했어요. 그래서 사냥꾼을 시켜 백설공주를 죽이려 했지만, 사냥꾼은 공주가 불쌍해 놓아 주었지요. 백설공주는 숲에서 일곱 난쟁이들을 만나 그들과 함께 살게 되었습니다.

공주가 죽었다고 생각한 왕비는 진실을 말하는 마법 거울에게 ‘세상에서 누가 제일 예쁘냐’고 물었는데, 거울은 백설공주라고 대답했습니다. 화가 난 왕비는 할머니로 변장해 백설공주를 찾아갔습니다. 왕비가 준 독 사과를 먹은 백설공주는 깊은 잠에 빠졌지요.

하지만 왕자가 나타나 백설공주에게 사랑의 입맞춤을 했고, 눈을 뜬 백설공주는 왕자와 결혼해 행복하게 살았답니다.

📑 **감정 활용하기** ‘질투하다’의 뜻과 활용 예문을 읽어 봐요.

수업 시간마다 칭찬 받는
친구를 나도 모르게
질투했다.

✓ **질투하다** 🔍

**다른 사람이 잘되거나
좋은 처지에 있는 것
등을 미워하고
깎아내리려 하다.**

잘난 사람을 질투하는
사람은 꼭 있다.

질투하는 마음에
회장으로 당선된 민영이에게
뾰족하게 말했다.

질투하는 마음을 가진
사람이 가장 괴롭고 힘들다.

	마	법		거	울	의		말	을
들	은		왕	비	는		충	격	을
받	았	습	니	다	.		왕	비	는
백	설	공	주	를		매	우		질
투	했	기		때	문	입	니	다	.

내 경험 쓰기 (누군가를 '질투했던' 순간은 언제인가요?

 예 어릴 때 친척 어른이 언니만 예쁘다고 해서 질투했다.

38일차

의아하다

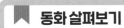 **동화 살펴보기** ('의아하다'라는 감정은 어떤 것일까요? 동화 줄거리를 읽어 봐요.

전래 동화

의 좋은 형제

옛날에 마음씨 좋은 형과 동생이 함께 농사를 지으며 살아가고 있었습니다. 가을이 되어 쌀을 거둬들인 형제는 똑같이 쌀을 나누었어요.

그런데 형은 동생의 처지가 더 어렵다고 생각했어요. 그래서 밤에 몰래 동생의 창고로 가 쌀 한 가마니를 더 넣어 두고 왔지요.

하지만 동생 역시 형이 더 힘들 거라고 생각해, 밤에 형 모르게 형의 창고에 쌀을 한 가마니 넣어 두고 왔지요. 며칠 동안 이렇게 했는데도 아침마다 창고를 열어 보면 쌀가마가 줄지 않고 그대로여서 형제는 의아했습니다.

어느 날 밤, 형제는 쌀을 지고 서로의 창고로 가다가 마주쳤어요. 그제서야 서로가 쌀을 가져다주고 있었다는 사실을 알고 크게 웃었지요. 이후로 형제는 서로를 더 아끼고 사랑하게 되었답니다.

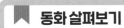 **감정 활용하기** ('의아하다'의 뜻과 활용 예문을 읽어 봐요.

당연히 떨어진 줄 알았던 시험에 합격해서 의아했다.

✔ **의아하다**

의심스럽고 이상하다.

엄마가 일찍 퇴근한 아빠에게 의아하다는 듯 이유를 물었다.

희준이가 평소답지 않게 조용해서 왜 그런지 의아하다.

마른 하늘에 소나기가 쏟아져 사람들이 의아한 표정을 지었다.

	다	음		날		아	침	,		두
형	제	는		쌀	가	마	가			줄
어	들	지		않	아		의	아	했	
습	니	다	.							
	'	분	명	히		옮	겨		놓	
았	는	데		그	대	로	네	?	'	

■ **내 경험 쓰기** (어떤 일에 대해 '의아하다'고 생각한 적이 있나요?

예 친구가 갑자기 선물을 줘서 의아하면서도 좋았다.

39일차

부끄럽다

📑 **동화 살펴보기** ('부끄럽다'라는 감정은 어떤 것일까요? 동화 줄거리를 읽어 봐요.

교과서 수록 동화

만복이네 떡집

　입만 열면 마음과는 다르게 거친 말이 튀어나와 욕쟁이로 소문난 만복이는 우연히 하굣길에 발견한 떡집에서 신기한 찹쌀떡을 맛보았습니다. 그날 이후 만복이는 입이 딱 달라붙어 욕을 못 하게 되었어요. 그리고 그 떡집에서 꿀떡, 바람떡, 무지개떡 등을 먹고서는 바른 말, 칭찬, 재미있는 이야기를 하게 되었지요.

　그러던 어느 날, '다른 사람의 생각이 들리는 쑥떡'을 먹고 친구들의 속마음을 알 수 있게 된 만복이는 고구마를 많이 먹은 탓에 <u>자꾸만 방귀가 나와서 부끄러워하는 동환이의 마음을 알게 됩니다.</u> 예전의 만복이였다면 여기저기 소문을 내고 다녔겠지만, 달라진 만복이는 동환이의 비밀을 지켜 주었어요.

　이렇게 문제아였던 만복이는 만복이네 떡집을 만나 생각이 깊고 배려심 있는 어린이가 되었답니다.

(비룡소, 김리리)

📑 **감정 활용하기** ('부끄럽다'의 뜻과 활용 예문을 읽어 봐요.

엄마에게 거짓말을 했다가
들켜서 부끄럽다.

잘못을 하고도 부끄러운 줄
모른다.

✓ **부끄럽다**

**일을 잘 못하거나
양심에 거리껴 볼
낯이 없거나 매우
떳떳하지 못하다.**

나는 친구들 앞에서
발표하는 게 좀 부끄럽다.

단풍이 부끄러운 듯 붉게
물들었다.

'부끄럽다'의 뜻을 되새기며 문장을 따라 써요.

	만	복	이	는		부	끄	러	워
하	는		동	환	이	의		마	음
을		알	자	,	여	기	저	기	
떠	벌	리	고		싶	은		마	음
이		싹		사	라	졌	어	요	.

내 경험 쓰기   최근에 가장 '부끄러웠던' 순간은 언제인가요?

예 달리기 경주에서 꼴찌를 해서 부끄러웠다.

아찔하다

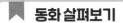 **동화 살펴보기** 　'아찔하다'라는 감정은 어떤 것일까요? 동화 줄거리를 읽어 봐요.

> 그리스 신화

최초의 여성, 판도라

　신들의 왕 제우스는 인간에게 벌을 내리기 위해 최초의 여성, 판도라를 만들었습니다. 제우스의 명령에 따라 신들은 판도라에게 아름다움과 노래 솜씨 등의 재능을 주었고, 제우스는 판도라에게 절대 열지 말라는 당부와 함께 상자 하나를 주었지요. 하지만 판도라는 너무 궁금했던 나머지 결국 상자를 열었어요.

　상자를 열자 그 안에 있던 모든 재앙과 불행이 세상으로 퍼져나갔습니다. 병, 고통, 슬픔 같은 끔찍한 것들이 온 세상에 퍼지는 모습을 본 판도라는 아찔했습니다. 판도라는 급히 상자를 닫았습니다. 그때 상자 속에 딱 하나 남아 있던 것이 바로 '희망'이었죠.

　갖가지 끔찍한 것들이 세상에 퍼졌지만, 이 희망이 남아 있었기에 인간들은 어려움을 견디고 살아갈 수 있는 거라고 합니다.

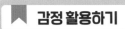 **감정 활용하기** 　'아찔하다'의 뜻과 활용 예문을 읽어 봐요.

버스가 갑자기 멈추는
바람에 아찔했다.

✓ **아찔하다**

갑자기 정신이
아득하고 조금
어지럽다.

놀이기구가 한 바퀴 돌
때마다 아찔해서 손잡이를
꼭 잡았다.

계단을 내려오다 넘어질
뻔해서 아찔했다.

아찔한 기분을 느끼기 위해
번지 점프를 해 보고 싶다.

	병	,	고	통	,	슬	픔		같
은		온	갖		끔	찍	한		것
들	이		상	자		밖	으	로	
나	와		세	상	으	로		퍼	지
는		걸		본		판	도	라	는
아	찔	했	어	요	.				

예 엄마가 아끼는 유리컵을 깨트렸을 때 아찔했다.

오늘 날짜 　　월　　일

안쓰럽다

📖 **동화 살펴보기** 〉 '안쓰럽다'라는 감정은 어떤 것일까요? 동화 줄거리를 읽어 봐요.

전래 동화

흥부와 놀부

옛날 옛날, 착한 동생 흥부와 욕심 많은 형 놀부가 살았어요. 흥부는 가난했지만 항상 남을 도우며 살았고, 놀부는 부자였지만 욕심이 많았어요.

어느 날 흥부는 다리를 다친 제비를 발견하고 정성껏 치료해 주었어요. 제비는 고마움의 표시로 흥부에게 박씨 하나를 가져다 주었지요. 흥부가 그 박씨를 심었더니 커다란 박이 열렸고, 그 박 속에서는 금은보화가 가득 쏟아져 나왔답니다.

이 소식을 들은 놀부는 질투가 나 제비 다리를 일부러 부러뜨린 후 치료해 주었습니다. 놀부도 박씨를 받아 심었는데, 그 안에서는 똥물과 도깨비가 나와 집을 엉망으로 만들었지요. 결국 놀부는 자신의 잘못을 깨닫고 흥부를 찾아가 사과했어요. 흥부는 형을 안쓰럽게 여기고 따뜻하게 맞아 주었답니다.

📖 **감정 활용하기** 〉 '안쓰럽다'의 뜻과 활용 예문을 읽어 봐요.

힘들어도 스스로 일어나려는 동생의 모습이 안쓰러웠다.

몸보다 큰 가방을 들고 가는 아이가 안쓰러워 보인다.

✔ **안쓰럽다** 🔍
손아랫사람이나 약자의 딱한 형편이 마음이 아프고 가엽다.

몸이 아파 보건실에 가는 친구를 보니 안쓰러운 마음이 들었다.

비 맞고 있는 강아지가 안쓰러워 우산을 씌워 주었다.

	놀	부	는		거	지	꼴	을	
하	고		흥	부	를		찾	아	왔
습	니	다	.		흥	부	는		그	런
놀	부	를		보	자		안	쓰	러
웠	습	니	다	.					

내 경험 쓰기　　누군가 '안쓰럽다'고 느낀 적이 있나요?

 다리를 다친 새를 보니 안쓰러운 마음이 들었다.

즐겁다

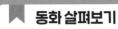 **동화 살펴보기** ‘즐겁다’라는 감정은 어떤 것일까요? 동화 줄거리를 읽어 봐요.

교과서 수록 동화

할머니와 하얀 집

 깊은 숲속에 눈처럼 하얗고 예쁜 집이 있었습니다. 그곳에는 집을 아끼고 사랑하는 할머니가 하얗고 예쁜 고양이와 함께 살고 있었지요. 할머니는 집을 너무 사랑한 나머지 집이 더러워질까 봐 아무도 초대하지 않았습니다. 그래도 하얀 고양이 덕분에 외롭지 않았어요.

그러던 어느 날, 고양이가 사라졌습니다. 할머니는 걱정했지만 다행히 며칠 뒤 고양이가 돌아왔지요. 그런데 얼마 안 되어 고양이가 새끼를 낳았어요. 새끼 고양이들로 인해 하얀 집은 엉망이 되었습니다. 할머니는 세 마리의 새끼 고양이를 돌보느라 힘이 들었어요. 하지만 어느 순간부터는 새끼 고양이들과 함께하는 것이 즐겁게 느껴졌습니다.

이제 더 이상 집은 하얗지 않았지만, 할머니는 오히려 더 행복했답니다.

(비룡소, 이윤우)

감정 활용하기 ‘즐겁다’의 뜻과 활용 예문을 읽어 봐요.

주말에 쇼핑몰에 가서 가족들과 즐거운 시간을 보냈다.

✓ **즐겁다** 🔍

마음에 거슬림이 없이 흐뭇하고 기쁘다

오랜만에 친구와 수다를 떨어서 즐거웠다.

운동회 때, 빠지는 친구 없이 모두가 함께해 더 즐거웠다.

문제집을 다 풀고 나니 아빠가 칭찬해 주셔서 더 즐거웠다.

'즐겁다'의 뜻을 되새기며 문장을 따라 써요.

	할	머	니	는		언	젠	가	부
터		걱	정	하	거	나		화	내
지		않	았	습	니	다	.	오	히
려		새	끼		고	양	이	들	을
보	고		또		보	는		것	이
즐	거	웠	지	요	.				

내 경험 쓰기 최근에 가장 '즐거웠던' 순간은 언제인가요?

예 좋아하는 그룹의 신곡이 나오는 날 아침부터 너무 즐거웠다.

조마조마하다

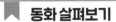 **동화 살펴보기** '조마조마하다'라는 감정은 어떤 것일까요? 동화 줄거리를 읽어 봐요.

외국 동화

시골 쥐와 서울 쥐

 시골 쥐와 서울 쥐는 서로 친구였어요. 어느 날 시골 쥐는 서울 쥐를 초대해서 시골 음식을 대접했습니다. 하지만 서울 쥐는 곡식만 가득한 시골 음식이 입에 맞지 않는다며 불평했어요. 그리고 자신은 생선, 고기, 케이크, 아이스크림 같이 맛있는 것을 먹는다고 자랑했습니다. 그 말을 들은 시골 쥐는 도시 생활을 경험하고 싶어져 도시로 갔습니다.

서울 쥐는 시골 쥐에게 화려한 음식을 대접했습니다. 하지만 밥만 먹으려고 하면 갑자기 고양이가 나타나거나 사람이 들어와서 두 쥐는 급히 도망을 쳐야 했어요. 시골 쥐는 마음이 조마조마해서 음식을 먹으면서도 자꾸 문만 바라봤어요.

시골 쥐는 화려한 음식이 있는 도시보다 안전하고 평화로운 시골이 더 좋다고 느꼈고, 다시 시골로 돌아갔답니다.

감정 활용하기 '조마조마하다'의 뜻과 활용 예문을 읽어 봐요.

풍선이 빵 터질 것 같아서 조마조마했다.

✓ **조마조마
하다**

닥쳐올 일에 대해
염려가 되어 마음이
불안하다.

외줄을 타는 곡예사가
떨어지지는 않을까 조마조마한
심정으로 지켜봤다.

수연이한테만 선물을
준 걸 다른 아이들에게
들킬까 봐 조마조마했다.

비행기가 착륙할 때 소리가
너무 커서 조마조마했다.

'조마조마하다'의 뜻을 되새기며 문장을 따라 써요.

	식	사		중	에	도		시	골
쥐	는		자	꾸		문	을		쳐
다	봤	어	요	.	금	방	이	라	도
고	양	이	가		달	려	들		것
같	아		마	음	이		조	마	조
마	했	어	요	.					

최근에 '조마조마했던' 적이 있었나요?

예 지각할 수도 있을 것 같아서 교실에 도착할 때까지 조마조마했다.

 **44일차**

창피하다

🔖 **동화 살펴보기** ┤ '창피하다'라는 감정은 어떤 것일까요? 동화 줄거리를 읽어 봐요.

외국 동화

곰과 두 친구

어느 날 두 친구가 함께 산을 걷다가 큰 곰을 만났습니다. 한 친구는 겁에 질려 가까운 나무에 재빨리 올라가 숨었지만, 다른 친구는 나무에 오르지 못해 혼자 남게 되었어요. 나무에 오르지 못한 친구는 곰이 죽은 사람을 공격하지 않는다는 걸 기억하고, 땅에 드러누워 죽은 척을 했습니다.

곰은 다가와 누워 있는 친구를 한참 동안 킁킁거리더니 귓속말로 뭔가 중얼거리고 떠났습니다. 곰이 떠난 뒤, 나무에 있던 친구가 내려와서 물었어요. "곰이 너한테 무슨 말을 했어?"

그러자 친구는 말했어요. "위험한 순간에 혼자 도망가는 친구는 진짜 친구가 아니라고 하더라." 혼자 나무에 올라갔던 친구는 창피해서 고개를 들지 못했습니다.

🔖 **감정 활용하기** ┤ '창피하다'의 뜻과 활용 예문을 읽어 봐요.

코를 파다가 짝꿍과 눈이 딱 마주쳐서 창피했다.

✔ **창피하다** 🔍

체면이 깎이는 일이나 아니꼬운 일을 당해 부끄럽다.

옷을 거꾸로 입고 온 사실을 알고 창피해서 혼났다.

친구들 앞에서 선생님께 혼난 뒤, 창피해서 아무 말도 못 했다.

학교 강당에서 아빠가 내 이름을 너무 크게 불러 창피했다.

	혼	자	만		살	겠	다	고	
나	무	에		올	라	갔	던		친
구	는		죽	은		척	했	던	
친	구	의		말	을		든	고	
창	피	해	서		고	개	를		들
수	가		없	었	습	니	다	.	

내 경험 쓰기 지금까지 가장 '창피했던' 순간은 언제인가요?

예 장기자랑 시간에 춤을 제대로 못 춰서 창피했다.

안타깝다

동화 살펴보기 ('안타깝다'라는 감정은 어떤 것일까요? 동화 줄거리를 읽어 봐요.

세계 명작

크리스마스 캐럴

스크루지는 돈 버는 것이 중요해 사람들과 어울리지 않는 지독한 구두쇠였습니다. 크리스마스가 오는 것조차 반기지 않았지요. 크리스마스 이브 밤, 스크루지에게 오래전에 죽은 친구 제이콥 말리의 유령이 찾아왔습니다. 그는 베풀지 않고 외롭게 사는 스크루지를 안타깝게 생각하며, 세 명의 유령을 보여주었습니다.

첫 번째 유령은 스크루지의 어린 시절을 보여주며 그가 왜 외로워졌는지 알려주었고, 두 번째 유령은 현재 스크루지가 다른 사람들을 무시하고 있는 모습을 보여주었지요. 마지막으로, 세 번째 유령은 스크루지가 미래에도 지금처럼 외로움 속에서 살게 될 것임을 알려주었습니다.

유령들을 보고 난 스크루지의 마음은 크게 변했고, 그 후로는 이웃들을 돕고 어울려 살아가며 진정한 행복을 찾아갔습니다.

감정 활용하기 ('안타깝다'의 뜻과 활용 예문을 읽어 봐요.

열심히 공부했는데 계산 실수를 해서 안타까웠다.

✓ **안타깝다** 🔍

뜻대로 되지 않거나 보기에 딱해 가슴 아프고 답답하다.

아슬아슬하게 우승을 놓쳐서 안타까워.

시들어가는 꽃을 보니 안타까운 마음이 든다.

환경오염으로 기름 범벅이 된 갈매기를 보니 안타까웠다.

'안타깝다'의 뜻을 되새기며 문장을 따라 써요.

	유	령	은		남	들	에	게	
베	풀	지		않	았	던		자	신
과		비	슷	하	게		살	고	
있	는		스	크	루	지	가		안
타	까	웠	습	니	다	.			

내 경험 쓰기 '안타깝다'고 느낀 적이 있나요?

예 전학 간다고 인사할 때 울먹이는 친구가 참 안타까웠다.

오늘 날짜 [ ] 월 [ ] 일

통쾌하다

📑 **동화 살펴보기** ‘통쾌하다’라는 감정은 어떤 것일까요? 동화 줄거리를 읽어 봐요.

전래 동화

토끼의 재판

나그네가 숲길을 가다가 구덩이에 빠진 호랑이를 발견했습니다. 나그네는 살려달라고 애원하는 호랑이를 구해 주었지만, 호랑이는 돌변해서 나그네를 잡아먹으려고 했습니다.

나그네는 공정하게 다른 이들에게 재판을 받자며 지나가던 소, 나무, 길에게 의견을 물었습니다. 하지만 사람에게 나쁜 감정을 갖고 있던 이들은 모두 호랑이 편만 들었어요.

그때, 토끼가 나타나서 "어떤 일이 벌어졌던 건지 알려 주십시오"라고 말하며 호랑이에게 다시 구덩이에 들어가 보라고 말했습니다. 호랑이가 의심 없이 구덩이에 들어가자 토끼는 말했습니다.

"은혜를 원수로 갚는 자는 다시 갇히는 게 맞습니다." 목숨을 건진 나그네는 통쾌한 표정으로 호랑이를 보고 웃었습니다. 결국 호랑이는 사냥꾼에게 붙잡혔답니다.

📑 **감정 활용하기** ‘통쾌하다’의 뜻과 활용 예문을 읽어 봐요.

형이 결국 내 말이 맞았다고 인정하니까 통쾌했다.

✔ **통쾌하다** 🔍

아주 즐겁고 시원하여 유쾌하다.

밀리기만 하던 한국이 역전 골을 넣자 통쾌해서 함성을 질렀다.

그 영화에서 가장 통쾌한 장면은 악당이 잡혔을 때였다.

한 시간 넘게 매달린 문제를 풀어내자 통쾌했다.

'통쾌하다'의 뜻을 되새기며 문장을 따라 써요.

	제		발	로		구	덩	이	에
들	어	간		호	랑	이	는		속
았	다	며		억	울	해		했	지
요	.	나	그	네	는		통	쾌	한
표	정	으	로		호	랑	이	를	
보	고		웃	었	습	니	다	.	

내 경험 쓰기 　　　최근에 가장 '통쾌했던' 순간은 언제인가요?

예 나를 약 올리던 경훈이가 공을 밟아 넘어졌을 때 통쾌했다.

오늘 날짜 　월　일

초조하다

📑 **동화 살펴보기** 　'초조하다'라는 감정은 어떤 것일까요? 동화 줄거리를 읽어 봐요.

🔖 **그리스 신화**

트로이의 목마

　그리스와 트로이가 전쟁을 벌이고 있었습니다. 막강한 그리스였지만 10년을 싸워도 작은 트로이를 정복하지 못하고 있었지요. 오랜 전쟁으로 모두가 지쳤을 때, 그리스의 오디세우스 장군이 새 작전을 짰습니다. 거대한 목마를 만들어 그 안에 군인들을 숨긴 뒤, 어두운 밤에 목마를 트로이의 성 앞에 가져다 두었지요.

　날이 밝자 트로이 사람들은 성 밖의 목마를 보고 놀랐습니다. 트로이 사람들은 목마가 '신이 보낸 승리의 선물'이라고 생각해 목마를 성 안으로 옮기고 축제를 열었지요.

　그날 밤, 초조하게 목마 안에 숨어 있던 그리스 군인들이 밖으로 나와 성문을 열었습니다. 성 밖에 대기하고 있던 그리스 군은 곧바로 성 안으로 들어가 트로이를 차지했답니다.

📑 **감정 활용하기** 　'초조하다'의 뜻과 활용 예문을 읽어 봐요.

초조한 마음으로 올림픽 경기 결과가 나오기를 기다렸다.

시간이 다 되었는데도 학원 버스가 안 보여 초조했다.

✓ **초조하다** 🔍

애가 타서 마음이 조마조마하다.

범인의 얼굴에 초조한 빛이 가득했다.

학생들은 초조한 얼굴로 시험지를 받았다.

	목	마		속	에		숨	어	
있	던		그	리	스		군	인	들
은		초	조	했	습	니	다	.	혹
시	라	도		계	획	이		어	긋
나	면		어	떡	하	나	.		

내 경험 쓰기 — 최근에 가장 '초조했던' 순간은 언제인가요?

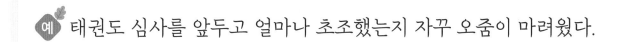 태권도 심사를 앞두고 얼마나 초조했는지 자꾸 오줌이 마려웠다.

우울하다

📑 **동화 살펴보기** '우울하다'라는 감정은 어떤 것일까요? 동화 줄거리를 읽어 봐요.

세계 명작

마지막 잎새

수지와 존시는 뉴욕 그리니치 빌리지에 살고 있었습니다. 존시는 폐렴에 걸려 몸져 누웠는데, 우울한 마음이 커지면서 병이 점점 깊어졌지요. 희망을 잃은 존시는 창밖에 있는 담쟁이덩굴의 마지막 잎새가 떨어지면 자신도 세상을 떠날 거라고 생각했습니다.

하나둘 떨어지는 잎을 보며 존시는 점점 의욕을 잃어 갔습니다. 그런데 신기하게도 마지막 잎새 하나만은 세찬 폭풍우에도 절대 떨어지지 않았지요. 용기를 얻은 존시는 병을 이겨냈습니다.

건강해진 존시는 이웃집 화가 베어만 할아버지가 존시에게 희망을 주기 위해 밤에 몰래 마지막 잎새를 그렸고, 그러다 폐렴으로 돌아가셨다는 사실을 알게 되었습니다. 할아버지의 마지막 잎새는 최고의 작품이었습니다.

🔖 **감정 활용하기** '우울하다'의 뜻과 활용 예문을 읽어 봐요.

우리 반에서 나만 자꾸
뜀틀 넘기에 실패해서
우울하다.

✓ **우울하다** 🔍

근심스럽거나
답답하여 활기가
없다.

혼자 있으면
가끔 외롭고 우울한 기분이
들 때가 있다.

겨울에는 바깥에서
놀 수 있는 날이 적어
우울해진다.

우울한 사람은 마음이
어두워서 잘 웃지 않는다.

	폐	렴	에		걸	린		존	시
는		우	울	했	습	니	다	.	자
신	은		곧		죽	을		거	라
는		부	정	적	인		생	각	이
희	망	을		빼	앗	아		갔	기
때	문	입	니	다	.				

내 경험 쓰기 (최근에 '우울한' 일이 있었나요?

 예 나랑 가장 친했던 윤서가 다른 친구들하고만 노는 것 같아 우울했다.

49일차

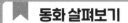

홀가분하다

동화 살펴보기

'홀가분하다'라는 감정은 어떤 것일까요? 동화 줄거리를 읽어 봐요.

> 외국 동화
>
> ### 고양이 목에 방울 달기
>
> 쥐 마을에는 걱정거리가 있었습니다. 무서운 고양이 때문에 쥐들이 항상 불안에 떨며 살아야 했거든요. 쥐들은 모여서 회의를 열었습니다. 여러 이야기가 오갔지만 뾰족한 수는 없었지요.
>
> 그때 잘난 척하는 쥐가 말했습니다. "고양이에 목에 방울을 답시다. 방울 소리가 나면 고양이가 오는 것을 미리 알 수 있어요." 그 말에 다른 쥐들은 <u>고양이의 공포에서 벗어날 수 있겠다며 홀가분한 표정으로 박수를 쳤습니다.</u>
>
> 하지만 가만히 듣고 있던 할아버지 쥐가 말했습니다. "좋은 생각이긴 한데, 누가 고양이 목에 방울을 달지?" 할아버지 쥐의 말에 모두 박수를 멈추고 서로를 멀뚱멀뚱 쳐다보았습니다. 결국 쥐들은 계속 불안에 떨면서 살았답니다.

감정 활용하기

'홀가분하다'의 뜻과 활용 예문을 읽어 봐요.

내가 요즘 왜 기운이 없었는지 털어놓고 나니 홀가분하다.

✔ 홀가분하다 🔍

거추장스럽지 않고 가볍고 편안하다.

시험을 끝내고 홀가분한 기분으로 잠자리에 들었다.

매일 싸우던 소연이랑 절교하고 나니 홀가분하다.

대청소를 마친 우리 가족은 홀가분한 마음으로 아침을 먹었다.

	고	양	이		목	에		방	울
을		달	면		된	다	는		말
을		들	은		쥐	들	은		환
호	했	습	니	다	.		다		같	이
홀	가	분	한		표	정	으	로	
박	수	를		쳤	지	요	.		

📑 **내 경험 쓰기** ‘홀가분하다’고 느낀 적이 있나요?

 아플까 봐 걱정했던 예방주사를 맞고 나니 홀가분해졌다.

50일차

그립다

📑 **동화 살펴보기** ('그립다'라는 감정은 어떤 것일까요? 동화 줄거리를 읽어 봐요.

전래 동화

선녀와 나무꾼

산속에 혼자 살던 나무꾼이 사냥꾼에게 쫓기는 사슴을 만나 구해 주었습니다. 그러자 사슴은 '결혼하고 싶다'는 나무꾼의 소원을 들어주기로 했어요.

사슴은 선녀들이 하늘에서 내려와 목욕을 하고 올라간다는 사실을 알려주며 그때 선녀의 날개옷을 숨기면 선녀를 신부로 맞이할 수 있을 거라고 말해 주었습니다. 그리고 아이 셋을 낳을 때까지는 날개옷을 돌려주지 말라는 경고도 했지요.

나무꾼은 사슴의 말을 따랐고, 나무꾼과 선녀는 결혼해 두 아이를 낳고 행복하게 살았습니다. 그런데 하늘나라 부모님이 그리웠던 선녀는 자주 울었어요. 나무꾼은 선녀의 슬픔을 지켜보기 어려워 날개옷을 돌려주었습니다. 그러자 선녀는 두 아이를 데리고 하늘로 올라갔고, 나무꾼은 매일 슬퍼하며 하늘만 바라보았답니다.

📑 **감정 활용하기** ('그립다'의 뜻과 활용 예문을 읽어 봐요.

작년 여름, 가족 모두 바닷가에 놀러 갔던 게 그립다.

✓ **그립다** 🔍

보고 싶거나 만나고 싶은 마음이 간절하다.

방학 때마다 가던 시골 할머니 댁이 그리워진다.

유치원 때 살던 동네가 가끔 그리워.

무지개 다리를 건넌 우리 집 반려견이 너무 그립다.

	나	무	꾼	은		선	녀	와	
결	혼	해		두		아	이	를	
낳	고		행	복	하	게		살	았
지	만	,	선	녀	는		부	모	님
이		그	리	워		자	주		울
었	습	니	다	.					

내 경험 쓰기   누군가가 '그리웠던' 순간은 언제인가요?

예 초등학교에 입학하고 나서 유치원 선생님이 그리웠다.

찾아보기